U0456109

魅力朱德

余玮 著

Zhu De's Charm

UNITY PRESS
團結出版社

图书在版编目（CIP）数据

魅力朱德 / 余玮著. -- 北京 : 团结出版社,
2017.6（2022.3 重印）
ISBN 978-7-5126-4898-2

Ⅰ. ①魅… Ⅱ. ①余… Ⅲ. ①朱德（1886-1976）－
生平事迹－青少年读物 Ⅳ. ①K827=7

中国版本图书馆 CIP 数据核字(2016)第 326663 号

出　版：团结出版社
（北京市东城区东皇城根南街 84 号　邮编：100006）
电　话：（010）65228880　65244790（出版社）
（010）65238766　85113874　65133603（发行部）
（010）65133603（邮购）
网　址：http://www.tjpress.com
E-mail：zb65244790@vip.163.com
tjcbsfxb@163.com（发行部邮购）
经　销：全国新华书店
印　装：三河市东方印刷有限公司

开　本：170mm×240mm　16 开
印　张：12.25
字　数：190 千字
版　次：2017 年 6 月　第 1 版
印　次：2022 年 3 月　第 5 次印刷

书　号：978-7-5126-4898-2
定　价：30.00 元

目录

contents

代际的红色传承　130

信仰和忠诚的生动诠释　139

不搞特殊化成为人生关键词　151

“德”行天下

在朱德故里四川仪陇，有一个“德”园。字高、宽各22.6米的巨型颜体“德”字，被凹刻于一块平整笔立的绝壁之上，赫然入目，蔚为壮观。这是世界上最大的单字石刻，完全可以申报世界吉尼斯纪录。据当地历史研究专家介绍，这个特大的“德”字取自朱德元帅1961年11月所写的《辛亥杂咏》诗末签名手迹，着实让人深切感受到一代伟人的博大胸襟与豪迈气魄。

巨“德”石刻的四周，林木葱郁，山泉长流，“德”字岩壁下辟有“德”园广场，左右和后壁建有99块“德”字碑，刻有99个不同形态、不同字体的“德”字于碑顶上，并镌刻有以“德”字为主题的诗词、颂文。

在“德”园的“德”字碑上，详尽讲解了“德”字的演进。在甲骨文中，“德”字的左边是“彳”形符号，它在古文中是表示道路，也是表示行动的符号，字的右边是一只眼睛，眼睛之上是一条垂直线，这是表示目光直射之意。所以，这个字的意思是：直视“所行之路”的方向，遵循本性——这就是“德”。“德”字是个会意字。金文作“悳”（从心从直）或“德”（从彳从直从心）——字形的演变寓示人们在进行评价时的侧重点的不同，但字中的“目”下面加了“心”，这就是说：遵循本心、顺乎自然就是“德”。

余玮在仪陇德园（张灵芝　摄）

如今，“德”的字形由“彳”“直”“心”这三个部件组成。“彳”旁，表示与行走、行为有关；“直”，“值”之本字，有“相遇”“相当”的意思；“心”表示与情态、心境有关。看来，“德”的本意为“心、行之所值”，是关于人们的心境、行为与什么水平或什么状态相当的判断。儒家追求“厚德”的君子人格，集孝、悌、忠、义、礼、信、诚等诸多道德于一身，几乎成为中国传统道德的化身。可以说，“德”是涵盖了诚信、仁义等一切美好品行的道德范畴。今天，“德”成为中国伦理的核心概念，也是中华民族文化的精髓。

元戎故里一奇观，巨德怀抱金粟山。

慈母借它作家训，明君用其治国安。

金山翰墨德为尊，明镜高悬醒世人。
立命安身诚与信，自强奉献铸灵魂。

在仪陇，可以深深感受到当地人崇德厚德的浓郁文化，一首首有关“歌功颂德”的诗文推崇着开国元勋朱德的品德与行为。如果要为仪陇那气势磅礴的巨型“德”字摩崖石刻选一位形象代言人，可以肯定品行双馨的朱德是不二人选。

平民朱德

一　有一种精神“钙片”叫信仰

在价值多元化、社会物质化、经济市场化的今天，各种思想文化相互激荡，思想政治领域斗争尖锐复杂，有极少数党员干部信念动摇了，信仰迷失了。他们有的认为马克思主义已经过时，有的甚至不信马列信邪教、不信真理信鬼神。其实，信仰不仅没有过时，而且越来越重要。越是发展市场经济，越需要精神文明引领；越是思想文化多元，越需要主流意识导向；

越是信仰缺失，越需要党员干部发挥中流砥柱作用。

什么叫信仰？信，信奉；仰，仰慕。信仰就是人们对人生观、价值观和世界观等的选择和持有。也是指对圣贤的主张、主义或对神的信服和尊崇，对鬼、妖、魔等的恐惧，并把它奉为自己的行为准则。信仰与崇拜经常联系在一起，但是与崇拜还有不同。这里所说的“信仰”，就是指对人们对某种理论、学说、主义的信服和尊崇，并把它奉为自己的行为准则和活动指南，它是一个人做什么和不做什么的根本准则和态度。

长征的艰难困苦是人世间罕见的，是任何语言都难以准确描述的。曾有人问及红军老战士，是什么力量支持着你们挺了过来？红军老战士答道：“是对革命的信仰，人不能没有信仰。在爬雪山、过草地的路上，我们红军战士之所以能够坚持过来，就是我们认为吃这种苦，是为了受苦受难的老百姓的翻身解放，相信跟着共产党，为人民打天下，一定会胜利。没有这种信念，是不可能走完二万五千里长征的。”

人不能没有信仰，没有信仰的人就如同一具没有灵魂的空壳。信仰是强大的精神力量。有了信仰，人们就有了精神的寄托，有了行动的指南，它可以指引我们通往正确的道路。共产主义信仰是共产党人的政治灵魂，是共产党人经受任何考验的精神支柱。共产党员既然加入了这个政党，就必须信仰共产主义，别无选择，这也是保持党的纯洁性的本质所在。

共产主义信仰的树立不是一蹴而就的，而是一个刻苦学习和努力实践的长期求索的过程，是一个由感性认识上升到理性认识的长期过程。要真正深刻理性地、充满深情地、坚定牢固地树立起共产主义信仰，并转化为指导自己思想和行动的坚定信念，还必须通过长期坚持不懈地学习、实践和修养，方能达到。

朱德出生在四川仪陇县一个农家，少年下田劳作并读过私塾，20 岁时到成都考取了高等师范，毕业后回县城当了体育教员。看到社会黑暗和时局动荡，他徒步跋涉三个月到昆明，考入云南陆军讲武堂。在讲武堂中，朱德参加了反清革命的同盟会，参加了辛亥革命。从讲武堂毕业后，朱德在滇军中由少尉排长干起，在护国战争和护法战争中一直升至少将旅长，名震川滇。当时他与别的将领不同，对黩武争权深感厌倦，喜好音乐，在家中广泛接纳青年军官及学生，并读过《新青年》等杂志。1921 年，朱德主动离开月收入大洋数以千计的军界，外出学习。次年，朱德到上海见到孙中山，孙中山正在筹划如何夺回广州，重建共和政府。孙中山打算借助滇军的力量，讨伐陈炯明，因此，希望朱德能够重返滇军，助他一臂之力。朱德虽然同情孙中山此时的处境，但是，十多年的亲身经历使他对孙中山希望借助一部分军阀的力量去打击另一部分军阀的做法已不再相信，提出革命不能靠与军阀结盟。朱德诚恳地说：“大总统，您应该有一支自己的军队，一支真正为国民而战的军队啊！”

不久，朱德见到陈独秀，提出加入中国共产党。一个旧军队的将军想入党，这使当时的中共中央领导人大感惊讶。朱德铿锵有力地坦陈道：“如果为了个人的享受，我就不会来找共产党了，我可以回到军阀部队中去，可以成就个人的功名利禄。但我正因为要抛弃这些，为国家和民族的利益而奋斗，所以，我才选择了共产党！”

陈独秀看着朱德，沉默起来。后来，陈独秀掀茶碗盖、端起茶碗喝了一口茶，示意朱德喝茶，朱德吃了一惊。显然，这是送客的姿态。

朱德告辞出来，他没有失望，他觉得自己的革命信念比以往任何时候都更加坚定了。此时朱德主意已定，他要到欧洲去，去留学，到革命的发源地去接触原汁原味的革命真理。

1922 年秋，朱德乘船赴欧，到德国学习战术，并研究社会主义理论。在那里，他见到了周恩来。第二年，经周恩来介绍加入了共产党。

有人会说，时代不同了，说信仰过时了。事实上，无论时代怎么变迁，崇高的信仰都始终是思想的旗帜、精神的支撑、力量的源泉。共产主义信仰是一种以天下为己任的信仰，老一辈无产阶级革命者都是为了共产主义事业奋斗终生的人，同时又都是道德高尚的楷模。很难想象，一个自私自利、道德败坏的人能够信仰共产主义。共产党员对共产主义的信仰不仅仅来源于书本，更是来源于

1922 年 9 月上旬，朱德离开上海前往法国时留影

生活和社会实践，来自实践对理论的反复印证。“路漫漫其修远兮，吾将上下而求索。”每一名共产党员都应该将信仰共产主义与个人的道德修养、人生经历、社会实践相结合，让共产主义信仰在学习中确立，在实践中印证，在追求中升华。

入党誓词的最后一句是“永不叛党”。在革命战争年代，一个党员若经不住敌人严刑拷打或金钱美色诱惑，叛变投敌，堕落为叛徒，是可耻的叛党行为。在今天和平建设年代，腐败就是叛党，因为这种行为完全背离了党的信仰和宗旨。

信仰是一个思想阵地，也是一种防腐剂。一个人拥有坚定的信仰，既能保持一种“任尔东西南北风”的思想定力，自觉秉持清廉操守，又能保持“咬定青山不放松”的执着追求，生发出勇往直前的力量。曾经的一些高级领导干部之所以后来堕落成为腐败分子，一个重要原因就是丢掉了信仰，或者说是首先从精神“缺钙”开始，一步步发展，最后导致发生了质变。我们党员干部要时常同自己的信仰对话，看它是否坚守如初，确保它不会被任何诱惑困难所击倒。

1949年春，中共中央机关动身离开西柏坡“进京赶考”时，朱德曾说：“要是考得不好，就要退回延安。”走进“考堂”的中国共产党人，面对全面执政这份高难度的“考卷”，却只有在战争条件下农村革命根据地局部执政的经验，那就是民主理政，依靠老百姓来执掌政权。这种执政理念和执政方式帮助中国共产党淘汰了国民党这位自负自大的“考生”。由此，中国共产党人悟出了一个深刻而朴素的道理：执政权力是人民赋予的，有了民主，有了群众路线，有了广泛的群众基础，执政地位才能巩固。

当然，我们党的“赶考”进程也不是一帆风顺的。由于我们党执政实践的时间短，理论上和思想上准备不足，导致后来出现了“大跃进”和“反右倾”等错误，酿成了“文化大革命”。新中国成立后，朱德对中国的发展道路进行了长期的探索与实践，走遍祖国大地进行了大量的调查研究，形成了较为完善的中国式社会主义理论框架。在这个探索过程中，我们党曾出现一些争论，也走过一段弯路，特别是在“文革”开始后，朱德受到了不公正的批判，但是他始终坚定理想信念不动摇。

“文化大革命”会那样发展，是朱德原来所没有想到的。1966年，他已经80岁了。当他看到中央和地方许多党政领导干部被作为“反革命修正主义分子”“黑帮分子”“叛徒”“走资派”，受到批斗、遭到抄家，看到工厂农村的生产秩序受到严重冲击、整个社会陷入极端混乱时，他的心情十分沉重，常常仰靠在沙发上，紧闭双目。有一次，秘书走近，他才睁开眼睛，他像在对秘书，又像自言自语地说：“看来这次要打倒一大批人了，连老的也保不住了。”他神色凝重，心事沉重，时常好久不说一句话——沉默，就是无声的抗议，是不妥协的语言！

他在参加中央的会议时，还是多次坦陈自己的看法：“现在群众已经起来了，我有点怕出乱子，特别是怕生产上出乱子。”“现在有一个问题，就是把你也打成反革命，把他也打成反革命。我看，只要不是反革命，错误再严重，还是可以改正的。一打成反革命就没有路可走了，这个问题要解决。”……可是，整个局势却越来越恶化了。很快，从上海扩展到全国，掀起一场由造反派夺取党和政府各级领导权的“全面夺权”的狂潮。

造反派先后冲进刘少奇等领导人家中对他们进行围攻和批斗，也包围了朱德的家。“炮轰朱德”“朱德是黑司令”之类的标语和大字报铺天盖地。朱德安慰康克清说：“历史是公正的，主席和恩来是了解我的。”他还对孙辈们说：“你们记住！历史就是历史，历史是任何人都篡改不了的！”在当时那种特殊的历史情况下，他仍然坚定自己的理想信念，荣辱不惊，大义凛然。这种气度，源于他从小艰苦生活磨炼和长期艰难奋战的经历，更是他实事求是、追求真理的崇高思想品格的集中体现。

理想信念对顺利推进我们党的事业具有强大的激励和导向作用，朱德对崇高理想和坚定信念的矢志不渝值得党员干部学习。理想信念是人们对美好前景的向往和对事业的执着追求，是人生的“总开关”，支配着人的一切行为活动，信念决定追求，追求体现信念。共产党人在任何情况下都要做到政治信仰不变、政治立场不移、政治方向不偏，守住自己的政治生命线，决不动摇对马克思主义的信仰、共产主义的信念、社会主义的信心和对共产党的信任，善于从政治上认识和判断形势，思考和处理问题。

二　有一种担当与功劳无关

1928 年 4 月，朱德率领的南昌起义余部及湘南农军和毛泽东率领的秋收起义部队在江西省宁冈砻市胜利会师，史称“朱毛会师”。时年，朱德42岁，毛泽东35岁。

为了一个共同的信念和目标，一个吃麻辣的四川汉子和一个吃辛辣的湖南汉子走到了一起。从此，“朱毛”的名字便紧紧地联系在一起，“朱毛”在中国革命和建设中长达48年的友谊也由此开始。当然，井冈山会师后诞生的红四军虽然一时间威震四方，但她毕竟是一支由各种成分的人员组成的部队，要想把这支部队锻造成一支真正的革命队伍，绝非一日之功，必须经历一段痛苦的、曲折的磨合过程。重修旧好的“朱毛”红军再次焕发了新的战斗活力，重新开始了“风卷红旗过大关”的辉煌征程。

1931年11月，中华苏维埃第一次全国代表大会在瑞金召开，选举产生了中华苏维埃共和国临时中央政府。中央执行委员会举行第一次会议，选举毛泽东为中央执行委员会和人民委员会主席，决定朱德为中华苏维埃中央革命军事委员会主席。由于国民党在很长一段时期里把朱德、毛泽东并称为“‘赤匪匪首’朱毛”“‘土匪’头目朱毛”，并把红军叫作“朱毛军”，并长时间叫嚷要“‘剿灭’朱毛”“铲平江西‘赤匪’”，许多封闭地区的士绅们还以为“所谓朱毛者，姓朱名毛，字‘赤匪’，江西人也”。毛泽东曾笑言过：“他（朱德）是猪，我是猪身上的毛。”朱德也曾说过：“朱离不开毛，朱离开毛过不了冬。”

在长征途中的遵义会议上，朱德旗帜鲜明，慷慨陈词，严肃地批判了“左”倾冒险主义的军事路线，坚决支持以毛泽东为代表的正确路线。遵义会议结束了王明“左”倾机会主义路线在党中央的统治，确立了毛泽东在党和红军中的领导地位，在最危急的关头挽救了党，挽救了红军，挽救了革命。

1935年6月，红一、四方面军会合后，分左右两路军北上，左路军由朱德和张国焘率领。毛泽东、党中央分析了当时的政治形势，确定继续北上，张国焘出于对形势的悲观估计和篡党夺权的狂妄野心，擅令部队南下，顽固坚持其逃跑主义的错误路线，甚至另立中央，公开打起反党旗号。他们开会围攻朱德，威逼他谴责毛泽东并与毛泽东断绝一切关系，要求他谴责党中央北进战略方针，朱德严词拒绝，明确表示：“你就是把我劈成两半，但你割不断我和毛泽东的关系。中央的路线是正确的，我是举过手的，我不能反对！”表现了共产党人临大节而不辱的坚定原则性。

朱德严正表明自己的态度：“从井冈山斗争开始，不但全中国知道朱毛红军，就是全世界也知道朱毛红军。要我这个‘朱’去反‘毛’，我可做不到呀！不论发生多大的事，都是红军内部的问题，大家要冷静，要找解决问题的办法来，可不要叫蒋介石看我们的热闹！我是共产党员，中央北上的决定，我认为是正确的！”

这时，有人冲着朱德高声嚷：“既然你拥护北上，那你现在就走，快走！”一听这话，朱德意识到张国焘是想把他逼走，以便更加随心所欲地推行他们那一套错误路线。为了耐心地宣传党中央的正确主张，争取和教育更多的人，朱德决定留在左路军同他们斗争。朱德说：“我是中央派到这里工作的，既然你们坚持南下，我只好跟你们去。但南下是没有出路的！”

为了扩大“伪中央”的声势，张国焘宣布朱德为“中央委员”“中央政治局委员”“中央书记处书记”。朱德严正表示：“你不能另起炉灶，你的做法我不赞成，我要接受党中央的领导，不能当你封的那个委员、这个委员什么的。我按党员规矩，保留意见，以个人名义做革命工作。”

在极端困难的条件下，朱德始终从大局出发，坚持党内斗争的正确方针，耐心宣传中央的正确主张，深入细致地进行思想工作，耐心说服、教育、团结红四方面军广大指战员，克服分裂，最终实现了红军三大主力在西北的大会师。

敢于担当是中国共产党人的鲜明品格，是领导干部的时代责任。面对繁重而艰巨的历史任务，各级领导干部必须有壮士断腕、不避斧钺的担当精神。对于领导干部来说，能不能担当，首先要看有没有强烈的全心全意为人民服务的责任意识。只要时刻想着身上的使命，把岗位作为勇于担当的平台，把奉献作为落实担当的体现，事业就会蒸蒸日上、群众就会满意。从朱德身上，我们要学习他担当的精神、勇气与能力。

当年，朱德和毛泽东被并称为革命领袖，但他自己却从来没有把自己当领袖，而是一直推举毛泽东为领袖。担当，不是争功夺权，而是全力维护领导班子的团结，维护中央的威信，呵护批评与自我批评的氛围，在关键时刻站出来亮出自己的看家本领。当革命形势大发展了，朱德的声望不断提高时，他仍然不居功。

1957 年，毛泽东决定不再做国家主席。1958 年 12 月，中央书记处草拟了一份第二届全国人大常务委员会国家领导人候选人名单，发给中央一些主要负责人征求意见。此前，关于国家主席的人选，大家的意见已经集中在朱德和刘少奇两个人身上。而在这份名单上，刘少奇仍留任全国人大常委会委员长，很明显，这便暗示着国家主席的最后候选人只剩下了朱德。12

月29日，朱德给中央书记处总书记邓小平写了一封信，信中写道：“小平同志转书记处同志们：我提议刘少奇同志作为国家主席候选人更为适当……至于我的工作，历来听党的安排，派什么做什么，祈无顾虑。”这封信表明，朱德放弃了由国家副主席再担任国家主席的可能，主动推荐刘少奇为国家主席候选人。襟怀坦荡、以国家与人民的利益为重、不计较个人地位的高低进退，这就是朱德高远的人生境界。

领导干部要牢固树立正确的权力观。如何对待名利，反映着党员干部的价值取向和精神境界。党员干部注意自己的名声、追求合理合法的利益，这无可非议。但是，如果离开了人民的利益和需求，只顾追求个人名利，时时处处为自己争功抢功、捞取好处，就会演变为狭隘功利主义和极端个人主义。

三　有一种“给面子”叫讲真话

1938年，八路军第三四四旅转战太行山区，连战皆捷。在第三四四旅在沁水县端氏镇休整、学习、整训期间，八路军总司令朱德来检查工作。该旅旅长身体不好，便请求去延安治病和学习，得到八路军总部的批准。这时，朱德认为，论资格和能力，可以由该旅23岁的团长田守尧代理旅长。旅政委黄克诚完全赞同。于是，朱德同田守尧谈话，明确告诉他代理旅长职务，等候八路军总部任命。

但八路军副总司令彭德怀和中央军委主席毛泽东不同意朱德的提议，认为田守尧指挥一个近万人的主力旅，在资历和领导能力方面似乎不够，并表示将另派人前来任职。

八路军总部派杨得志任第三四四旅代旅长后，田守尧就有点不高兴，为老旅长送行的聚餐会也不参加。朱德见状，便对黄克诚说：“开个党委会吧，开展批评与自我批评，对田守尧进行帮助。”于是，黄克诚召集旅党委会即民主生活会。会议开始后，刚开始没人发言，黄克诚先开了口，但对田守尧的批评比较婉转，不够尖锐。朱德发火了，站起来一个一个指着与会领导干部说：“你们这是什么党委会？不敢进行批评和自我批评，算什么共产党员？”接着，他对田守尧进行了严厉的批评。最后，朱德又说：“戏点到谁，谁就唱，没点到你，就不能出台。共产党员嘛！我们都要听党中央的，不能闹情绪。”

后来，在朱德的指导下，第三四四旅经过学习整训，总结了抗战以来的作战经验和教训，在战略思想和战术指挥上，实现了以打游击战为主的根本转变。次年春天，杨得志调走，田守尧经受了考验，相继被任命为该旅副旅长、新二旅旅长等。

朱德胸怀宽广，勇于做自我批评，极力维护革命队伍的团结。他不搞宗派，处处以革命大局为重。他说："我们共产党人胸襟要广阔，气量要宏大，要求自己比要求别人要严格一些，有功先归群众，有过勇于担当。"

在延安的"抢救运动"中，在庐山会议上，他都本着实事求是的态度，不去整人。在党内政治运动中，朱德特别注重团结，严格掌握党的政策。在延安整风审干的"抢救运动"中，普遍发生了乱批、乱斗、乱打、乱抓的现象。而朱德在领导军委系统的整风审干工作中，强调对人的处理要慎重，要严肃、认真、稳重，严格执行并认真把握党的政策，不要错批、错斗一个好人。当时，军委机关有一个高级参谋室，成员大多是原国民党部队高级将领，后来到延安投身革命，其中很多人历史复杂，人们自然把眼睛盯上了他们。朱德主动找他们谈心，勉励他们要消除顾虑，实事求是地向党交心，避免了"抢救运动"扩大化，保护了一大批人。

提及朱德，许多人会说他是好人。提起好人，人皆赞之。但如果在好人后面加上"主义"二字，那味道和性质就变了。好人主义表现很多：一是不说话。问题面前不表态，即使发言也先看领导说了什么，然后说几句云里雾里、无关痛痒的话。二是说好话。擅长"吹喇叭"，热衷于"抬轿子"，无原则地逢迎讨好。三是好说话。不论是否符合原则，都是"行行行""好好好"，只点头，不摇头。四是不理政。只要不出事，宁可不干事，对工作敷衍应付，四平八稳当"太平官"。好人主义危害很大，误党害国，误政害民。发现同志有了缺点、错误而不指出，只会让这些同志越走越远，甚至滑入违法犯罪的深渊，最终误人害己。

1959 年 7 月，朱德在庐山会议上坦诚地说："去年的成绩是伟大的，但对农民是劳动者又是私有者这一点估计不足，'共产'搞早了一点。食堂要坚持自愿参加的原则，还要搞经济核算。食堂即使全部垮掉，也不一定是坏事……"朱德的发言，语调平和但观点鲜明，意见尖锐，很有分量。当时，农村公共食堂被奉为"共产主义因素"，"共产主义是天堂，人民公社是桥梁"。办公共食堂，实行"吃饭不要钱"，被说成是群众创造的"新事物"，神圣不可侵犯，批评它、否定它无异于捅马蜂窝。朱德不避讳这种重大的敏感问题，敢于提出"'共产'搞早了一点"，"吃饭不要钱，那一套行不通”，“食堂即使全部垮掉，也不一定是坏事”，这是需要政治勇气的。

对于“大炼钢铁”，朱德也不以为然。他说：“至于工业嘛，主要是大炼钢铁搞乱了，指标太高，一哄而上，划不来。”这又是在捅马蜂窝，因为在当时，“大炼钢铁”是“大跃进”的主要内容，是“超英赶美”的具体行动。对“大炼钢铁”有微词，就是对“三面红旗”的态度有问题。这又是冒政治风险的。

其实，朱德讲这些意见，并不是一时兴起，而是来自对中国国情，特别是农村实际情况的正确认识，出自对国家建设和人民生产的真诚关心。他胸怀坦荡，从不隐瞒自己的政治观点。庐山会议期间，朱德多次和一些省（主要是中南各省）的负责人谈话，了解情况，发表了很多意见。这些意见，大多是针对“大跃进”和人民公社化运动中“左”的错误提出来的。

在庐山会议上，朱德对彭德怀虽然也进行了批评，但是他仍很注意分寸，没有乱扣帽子，并且一再肯定彭德怀的信的积极一面和他的优良作风：“彭总在生活方面注意节约，艰苦卓绝，谁也比不过他。彭总也是很关心经济建设的，只要纠正错误认识，是可以把工作做得更好的。”“彭总发言的态度是好的。我相信他是畅快的。”

敢讲真话是朱德很鲜明的品格。批评与自我批评是我们党坚持真理、修正错误、改进作风的有效途径，也是党员坚持党性原则的重要体现。朱德敢于直面矛盾，敢于揭短亮丑，坚持原则，不怕得罪人。

尽管后来朱德在庐山会议上受到了错误的批评，但他并不气馁，没有因此而“转向变调”。在1961年5月9日视察贵州、陕西、河南、河北四省后，朱德再次写信给毛泽东反映农村公共食堂问题，指出一些地方办食堂既浪费人力，又浪费物力。正因为有了包括朱德等领导人在内的高级干部们的敢于直言，才有了1962年1月的“七千人大会”，对“左”的错误进行了检讨。

批评与自我批评本身就是辣的。辣，是一种至味，其作用在于激发味蕾，激起体内活力。现实官场的陋习是，级别越高，越不愿听或者听不进同级、下级普通同志的批评。级别越高，越希望批评都是针对别人的而不是针对自己的。其实，只有见针见血的辣味批评才最起作用。

有的时候，讲真话是吃力不讨好的事情，甚至可能会因此遭遇风险。因此，敢讲真话，需要有无私无畏的精神，需要具备强烈的责任感。制定正确的决策，需要弄清真实的社会现状，需要看清事情的本质。而一旦假

1962 年 1 月，毛泽东、刘少奇、周恩来、朱德、陈云、邓小平在中共中央召开的扩大的中央工作会议上

话连篇，把虚假现象当成客观现实，那么后果往往不堪设想。“大跃进运动”大刮浮夸风，给国家造成了巨大的损失；十年动乱期间，“左”的思潮泛滥，人们不敢讲真话，冤假错案比比皆是，给民族造成了巨大灾难。这都与人们不敢讲真话，讲真话要受打击有关。但是，时至今日，在一些地方仍有讲假大空话的现象。会议上，常常说成绩多，讲问题少，一些人即便在谈问题时，也明显带有保留，甚或把问题当作成绩来讲。

诚信是现代社会的基本价值取向，也是中国共产党人优良的传统和作风。一个不讲诚信的政府，在老百姓眼中就是一个不值得打交道的政府；一个不讲诚信的领导者，在下属眼中就是一个靠不住的领导者。而如果领导者失去了下属的信任，那么对领导的尊重也就随之消失，领导者也就谈不上什么影响力了。同时，一个不讲诚信的领导，很难与下属建立切实可靠的关系，从而就难以获得真实的信息，也难免在决策中导致这样那样的失误，以至于难以取得领导实效。诚信是一种力量，它使领导者坚定、自信、沉着，使一切虚伪者、谄媚者不自觉地产生畏惧，使敢于直言、敢于表达真实想法的下属脱颖而出。

一些干部不讲真话，是一种值得反思的社会现象。把不说真话作为官场潜规则，危害极大，既导致社会信任危机，影响诚信社会建设，又严重败坏党风和社会风气，损害执政党的威信，影响党和人民的事业发展。我们各级党员干部应当像朱老总那样，以对党无限忠诚、对人民高度负责的精神，推进党内民主建设，坚持真理，敢讲真话，喜听真话，用自己的实际行动引领诚信社会建设，努力营造敢讲真话的社会风尚。与此同时，要积极打造讲真话光荣、讲假话可耻的社会环境，让讲真话的人无所顾虑，让说假话的人脸红心跳，并让讲假话者付出名利皆失的沉重代价。只有这样，才会有效压缩假话生存空间，逐步铲除假话滋生的土壤和条件，而这于党于国于民来说，都是幸事。

四　有一种服务叫打通“最后一公里”

在抗日战争时期的延安大生产运动中，有一天，八路军总司令朱德带着几名警卫员到南泥湾勘察。到驻地时天色已晚，他们就找了两个窑洞，在里面搭好简易床铺。睡觉前，几名警卫员商定，让警卫员小朱跟总司令住一个窑洞，并安排总司令睡在里边的床铺上，靠洞口的铺留给小朱睡；夜间站岗，几个人轮班。到了下半夜，该小朱站岗了，站上班岗的小李走到总司令和小朱住的窑洞，轻轻推了一下睡在洞口铺上的人，说了声“换岗了”，就回去睡觉了。但小李根本想不到，他推醒的不是警卫员小朱，而是总司令。原来，朱德与小朱在临睡前调换了铺位。天亮的时候，大家发现总司令在外面站岗，感到很奇怪，问：“首长怎么不睡觉？”朱德听了，微笑着说了一句：“你们站岗放哨睡不睡觉呀？”大家这才明白，走进总司令住的窑洞一看，发现警卫员小朱在里边的铺上还没有醒呢。

共产党领导的军队有这样爱护战士的首长，军队领导与士兵的关系怎么会不和谐？部队怎么会没有凝聚力、战斗力？尊重群众不是抽象的，它有着具体的表现形式，其中重要一条就是尊重人。干部只有真心实意地尊重群众，积极为群众排忧解难，才能赢得群众的信赖和拥护。

大家一般认为，“为人民服务”的口号是毛泽东1944年9月8日在延安为张思德烈士举行的追悼会上发表《为人民服务》一文时首次提出来，7个多月后又在党的“七大”上做《论联合政府》的政治报告时明确指出“全心全意为人民服务”是党的宗旨，并成为中国共产党区别于其他任何政党的一个重要标志。实际上，1939年2月20日毛泽东在致张闻天的信中就提及过“为人民服务”。信中，毛泽东在分析中国先哲孔子论“知仁勇”时，尖锐批判了旧道德之勇，认为那种勇只是“勇于压迫人民，勇于守卫封建制度，而不勇于为人民服务”。因为是私人通信，所以当时并未发表，40多年后才被收入公开出版的《毛泽东书信选集》中。

近年，北伐时期国民革命军的一张军官毕业证在湖南省汝城县被发现，毕业证书上方正中间印有孙中山像，孙中山像的左侧印有国民党党旗，右侧印有国民革命军陆军军旗，其下方印有“总理遗嘱”和“誓为人民服务”六个隶书大字。这张国民革命军第五方面军第三军军官教导团毕业证书加盖了颁证人的印章和毕业机构的公章，颁发的人署名分别为：“国民革命军第五方面军总指挥朱培德、第三军军长王均、第三军教导团团长朱德”；签发时间是“中华民国十六年六月三十日”，即1927年6月30日。这张毕业证书虽然是三人联名签发的，但是毕业证的内容安排、设计等具体工作，显然是由第三军教导团的直接领导即团长朱德来负责的。

当时的细节是这样的：1927年1月，中共中央军委指示朱德利用自己原来在滇军时的声望和同僚等关系，到江西南昌着手创办军官学校，培养革命武装工作干部。时在江西任国民革命军第五方面军总指挥兼江西省省长的朱培德以及第三军军长王均、第九军军长金汉鼎等，都是朱德在云南陆军讲武堂的同窗好友，并且对进步人士及其开展的工农运动持温和态度。朱德利用朱培德急于扩充部队、需要大量军事骨干的时机，不到一个月就迅速地建立了国民革命军第五方面军第三军军官教导团。该团虽然在编制上属于国民革命军，但是实际上却是在中共中央军委、中共江西省委直接领导下建立起来的一所军事学校，主要为中共培养军事干部。朱德担任教导团团长，并秘密建立了中共党支部。当年，第三军军官教导团招生的消息一传开，慕朱德之名的各部队的进步青年军官纷纷前往报考。仅一个多月时间教导团即接收学员1100多人，编为三个营。

为了从政治修养和思想进步方面关心学员，朱德常给学员讲话。他经常教导学员要树立全心全意为人民服务的思想，坚定为革命奋斗到底的决心，不要只顾个人利益，只图个人升官发财。在朱德的启发教育下，学员们的觉悟大都有不同程度的提高，后来其中不少人自动参加了起义军。

朱德以身作则，成为为人民服务的模范。这时的朱德一心扑在党的革命事业上，过着极为简朴的生活。他平时只着一套粗布军服，裹一副绑腿，穿一双深黄色皮鞋，有时还打赤脚穿草鞋。上班时，他总夹着一个皮包跑路，很少坐车。他住的房子简单得像普通旅店一样，只有一张床和一张普通的桌子。他吃得也很简单，常因开会或工作忙得吃不上饭，就买个烧饼填填肚。

当年，在军官教导团除军事训练外，朱德还陆续邀请曾天宇、邵式平、方志敏来做报告，演讲中国革命问题、农民问题等，借以对学员加强思想政治教育。与此同时，秘密地发展了一批共产党员。朱德还多次发动学员深入万安、泰和、吉安、萍乡、抚州、九江、德安等地，支持各地开展工农运动。1927 年 6 月，迫于“四一二”反革命政变后的严峻形势，朱德果断决定让军官教导团第一、第二营的学员提前毕业，第三营的学员则留下来继续学习。毕业证书上套红印制的文字“誓为人民服务”，彰显了教导团的办学要旨及朱德对学员的期待。

朱德坚持密切联系群众，同群众打成一片，真正做到了“与士卒同甘苦”，成为“能身先士卒同甘苦”的名将。他认为干部以身作则、亲自动手是很重要的。早在井冈山斗争时期，《朱德的扁担》这个故事就有口皆碑。当时，随着红军队伍扩大，加上敌人围攻封锁，部队给养严重短缺。入冬以后，战士们穿的仍是单衣，吃的是南瓜和野菜。为了解决井冈山上急需的粮食问题，红四军司令部发动了下山挑粮活动，即到当地的粮食集散地宁冈县大陇挑粮上山，往返一次约 50 公里。身为红四军军长的朱德，经常带头穿双草鞋，戴个斗笠，与战士们一样，挑着两箩共 100 多斤粮食翻山越岭。指战员们不忍心让 40 多岁的军长与年轻人一样受累，都劝他不要挑粮了。劝说无效，又把他的扁担藏了起来，以为军长就可以“不挑”了。可是，谁也没有想到，朱德自己动手用毛竹做成了一根新扁担，并在上面刻了“朱德扁担，不能乱拿”八个字，就又与战士们一起去挑粮了。军长与士兵同甘共苦的实际行动，极大地鼓舞了指战员和老百姓。大家乐观地唱起了山歌：“朱德挑谷上坳，粮食绝对可靠。大家齐心协力，粉碎敌人‘围剿’。”对此，朱德深有感触地说：“你做什么样子，他就学什么样子。这比上正课、比有计划地去教育有时还要好。我在井冈山的时候，大家去挑米我也去挑，挑到半山上我就挑不动了，肩膀也压痛了，虽然如此，但是你一挑，他们就都来抢着挑，一带头事情就好办了。”他还认为，如果军官高于一切，那就是很危险的，并牢记古兵法所说的“将不知兵，以其国与敌也；兵不知将，以其将与敌也”。

朱德坚持做人民公仆，始终把人民群众的安危冷暖放在心中。从佃农之子到共和国元帅，这一特殊的人生历程造就了朱德对党、对人民的炽热感情。他相信群众，依靠群众，密切联系群众，倾听群众呼声，关心群众疾苦，帮助群众解决实际困难。朱德深知，几十年来，党和人民群众的关系是鱼和水的关系。党离开了人民群众就不能存在，革命也就不能胜利。新中国成立不久，根据我党处于执政地位的新情况，中共中央作出了关于成立中央及地方各级党的纪律检查委员会的决定，并任命政治局委员、书记处书记、中央人民政府副主席朱德为中国共产党第一任中央纪律检查委员会书记。在担任中纪委书记以后，朱德要求党的各级组织和全体党员干部，要“切实关心群众的利益，细心倾听群众的意见，坚决保护群众的民主权利，坚决反对违法乱纪的行为，进一步巩固党同群众的联系”。

坚持群众路线，就是要把一切为了群众、一切依靠群众作为工作的出发点和落脚点，坚持在服务民生上下功夫、使实劲，让群众过上幸福的生活。党员干部要打通服务群众的“最后一公里”，让政策与民情无缝对接。

朱德经常深入工厂、农村、城镇、学校、车间、田间地头甚至老百姓家中访贫问苦，调查研究，回去后写出报告，实事求是地反映情况，并提出具体意见或建议。据统计，从 1956 年到 1966 年，朱德在外视察调研就达 27 次，平均每年外出视察近 90 天，这 11 年间他向中央致函致电 24 封，写出调查报告 13 个，对新中国的经济建设和社会管理提出了许多宝贵建议。但是，当时有些进城干部并不像朱德那样重视调查研究，“下去”倾听民意，了解民情，而是想当然地凭借党的执政地位和群众对党的拥护，采取单纯的行政命令的办法处理问题。这是一种官僚主义、主观主义的做法，在一定程度上侵蚀着领导干部并影响了党的威信。对此，朱德曾严厉地指出：“我们某些党员干部的这种官僚主义作风，这种对革命工作和国家财产的漠不关心和不负责任的态度，应该视为对党、对国家、对人民的犯罪行为。”

时下，经常听到一些干部感叹：现在群众工作越来越难做了！的确，在利益多元化、观念多样化的时代，群众工作千变万化，而且不同地方、不同行业也是千差万别。做好群众工作，最有效的途径是工作重心下移，经常深入实际、深入基层、深入群众。

朱德是密切联系群众的榜样。他一辈子把群众当朋友，拜人民为师，把群众干什么、想什么都装到心里。的确，只有放下架子、扑下身子，真正走进一线，了解群众的生产生活全过程，才能依据基层实际和群众意见，在“错位”的地方“正位”，到“缺位”的地方“补位”，更好地落实党的富民政策。

基层是各项工作的具体承担者。领导干部只有深入基层，才能提高基层建设的质量。在下基层前不妨多问问“我下基层做什么，基层要我干什么”的问题。如此，方能端正思想、牢记职责、明确任务，找准下基层的着力点和突破口，切实增强服务意识和责任意识。在实际工作中，人们不难看到，少数干部虽然也下了基层，但通常是走马观花，身入而心不入，只满足于听汇报、看材料。下基层就要多听听百姓的期待和需求，多考虑群众的冷暖和安危，真正做到放下架子、扑下身子，知民情、解民忧、暖民心，做群众的贴心人。

朱德清楚，说一千道一万，不如解决好问题给群众看。要根除“喊口号多，办实事少”的言而不行，只有一身泥、一身土，和人民群众摸爬滚打在一起，群众才肯买账，才会点赞，才能够不断密切同人民群众的血肉联系。

做好群众工作，需要走近群众，更需要走进群众。做群众工作，仅仅走近群众是不够的，要放下官架子，与群众打成一片，与群众坐到一条板凳上去交流。只有通过深入田间地头、车间班组，与群众“亲密接触”，才能获得切身感受，得到准确信息，把握群众的喜怒哀乐、所思所盼，基层工作的状况、特点、矛盾和问题，发展的目标、方向、重点、难点。朱德作为功勋赫赫的国家领导人，都能放低姿态，走进群众，了解基层的真实情况，我们当下的领导干部为什么不能调整心态，把群众呼声作为第一信号，把群众需要作为第一选择，把群众满意作为第一标准？要当好领导干部，当好公仆，就要有全心全意为人民服务的思想，走进群众，把更多精力用到关心群众的生产生活中，把更多人力、财力投到解决群众切身利益上，这样才能够更好地履行职责，推进工作和事业，赢得群众的拥护和支持。

领导干部学习朱德，就要下高楼、出庭院，入企业、走农村，自觉把自己当作“鱼”，深入改革发展实践第一线，畅游于人民群众这汪“水”中，善感“水温”，善知“水情”，善顺“水势”。只有察民情、听民声，聚民智、听民意，解民困、惠民生，才能最终获民信、得民心，密切党群鱼水关系，凝聚改革发展的合力。

五　有一种“官念”是念紧“紧箍咒”

在红四军一次突围战斗中，朱德与部队被冲散了，一群国民党军队的兵看他芒鞋草履、衣衫破旧的样子，像一个伙夫，就喝问：“你知道朱德在哪里吗？”朱德用手向别处一指，敌军便不屑一顾地扬长而去。他们根本不会想到，共产党一个军长的装束，竟然朴素得与伙夫没有什么两样。

新中国成立后，朱德不仅告诫全党保持艰苦奋斗的作风，而且自己始终如一地以劳动人民的儿子为荣，克勤克俭，清正廉洁。对于金钱、物质享受，朱德看得很淡。朱德反复强调：“粗茶淡饭，吃饱就行了，衣服干干净净，穿暖就行了，不然就不好到工农中去了。”

我们党历来高度重视对领导干部的反腐倡廉教育工作，始终把它作为加强党的执政能力建设和先进性建设的重要任务来抓。朱德作为中国共产党第一任中央纪律检查委员会书记，为执政党的廉政建设和纪律检查工作作出了开创性贡献。他要求党的各级纪律检查部门，要随时了解、检查和纠正党员干部侵犯群众利益的行为，使每一个共产党员都能密切联系群众。

朱德一生始终以普通一兵和劳动人民普通一员的姿态出现。厨师邓林回忆，一般人以为朱老总是中央领导，吃饭是特灶，标准一定很高。“可实际上，老总、康大姐和我三个人加起来的伙食费平均每月都不过 50 元，就是按当时的标准，也勉强称得上是中层干部的水平。平时，如果饭菜剩了，朱老总不让倒掉，下一顿还要接着吃。有时来了客人，就嘱咐我添一两个简单的菜，从不铺张。”朱德经常对邓林说：“我不让你每天做大鱼大肉，不是怕花钱，主要是要养成俭朴的习惯，一切从六亿人民出发，生活上不要太超乎老百姓水平之上。”

他从没拿过元帅军衔的较高工资，只拿行政级别工资。他平时节衣缩食，从工资中积攒了两万多元存款，去世前嘱咐亲属：作为党费交给组织。中共中央办公厅特别会计室收到了以“朱德同志”名义交来的 20306.16 元，成为朱德的最后一次党费。这张收据，陈列在毛主席纪念堂里的朱德同志纪念室，成为革命传统教育的一个珍贵材料。

从政是为公的事业，权力是民赋的责任。“在官惟明，莅事惟平，立身惟清”，为官者本来就该“为公”“为民”，严以修身，严以用权，严于律己。

现在，官不那么好当了，“紧箍咒”越念越紧了，领导干部怎么“做官”才“安全”也引发种种议论。如果为官之本都搞不清，那么“安全”根本无从谈起，更别提得到群众的认可、干出一番事业了。为官者怎么做才“安全”？朱德以言行告诉大家：光明磊落，襟怀坦荡，对党对人民无限忠诚，时时刻刻以党和人民的利益为重。他一向坚持实事求是，对同志以诚相见，对错误敢于斗争，从不计较个人得失。对领导干部而言，为官要安全，必须把好作风关，不断加强自身作风建设，树立正确的政治安全观。坚守正道，弘扬正气，坚持以信念、人格、实干立身，有了一副铮铮铁骨当然就很难“倒”。秉承为民情怀，“捧着一颗心来，不带半根草去”，群众一定会拥护你、支持你。对上对下讲真话、实话，以抓铁有痕、踏石留印的劲头真抓实干，必然能够干出一番政绩、实绩。恪守规矩，严格在党纪国法划定的红线内办事，妖魔鬼怪进不来，政治微生物和灰尘染不上，方能保持身强体健。一言以蔽之，把权力关进制度的笼子里，时时刻刻加强肌体免疫力，自然而然也就安全了。

学朱德，学什么？首先要学他的好作风。好作风应从自律开始。作风建设是一项持久战，有他律，更要有自律；有制度导向，更要有价值指向。各级领导干部必须心中常备一面镜子，时刻观照心灵，反思自我。经常擦亮“心镜”，需要做到一个“清”字。政治上要清醒，自觉加强理论学习，不断改造主观世界，提高政治鉴别力和政治敏锐性；思想上要清净，不为名利所扰，不为酒色财气所惑，始终保持一种平民意识、平常心态、平实作风，在纷繁复杂的社会环境中，专心致志干好本职工作；作风上要清廉，经常用清廉这面镜子照照自己，纯洁生活圈、交往圈，自觉净化工作、生活环境。把个人的利益看得轻一些，把群众的利益看得重一些；把功名利禄看得淡一些，把事业追求看得重一些。只有这样，才能在工作中少一些急躁与轻浮，多一些冷静与稳定，从而专心致志、心无旁骛地做好自己该做的事情。

六　有一种政治智慧是搞好顶层设计

朱德一贯重视战术问题，他号召大家“努力学习战术，研究战术，提高打敌人的战术水平”。他要求部队打仗时，要做到“勇敢加战术”。解放战争时期朱德在对晋察冀野战军干部讲话时指出，“战术对你们万分重要，是你们的‘补药’。你们的作战经验很多，但就像一大篓子钱，是分散的；战术就是钱串子，可以把那些钱都串起来，用的时候，要用哪个，就拿哪个。不要把经验老是散着装在篓子里背着，成了包袱，用不上。”他在谈到军队建设时说：“首先要求同志们学习战术”，“经常研究敌人的战术，研究如何打它，如何避开它的长处专找它的弱点打，如何才能干干脆脆地消灭它”。当年，朱德一次次审时度势，因敌应变。面对来势凶猛的敌人，朱德曾率部以退为进，又声东击西，最终克敌制胜。

试想，南昌起义失败后的残余部队能重振雄风，完全得力于朱德坚忍不拔的革命毅力和卓越的政治远见。当下，全面深化改革，考验的是改革者的政治智慧。全面深化改革能不能顺利推进，很大程度上取决于改革的方法是否有效，需要把握全面深化改革的内在规律，开出改革的“药方”，需要搞好顶层设计，处理好整体推进和重点突破的关系、全局和局部的关系等，需要高超的政治智慧。

朱德是探索适合我国国情的建设社会主义道路的先驱之一。新中国成立前，他就曾指出，政策的中心是发展生产，每个人都要学会建设新民主主义社会。中华人民共和国成立后，他更加重视发展生产力。朱德主张，在经济建设中，全党都要学会按照经济规律办事；在社会主义建设中，各行各业都要尊重客观规律；农业生产要因地制宜，发展多种经营，“靠山吃山”“靠水吃水”；商业工作要按照商业规律办事，商品生产也要运用价值规律，搞好商品流通。作为党中央第一代领导集体的核心成员之一，朱德对计划经济体制的三大弊端进行了深刻的反思，并提出了许多宝贵的思想。他提出调整“死制度”、建立“活制度”的一系列构想，主张在中央统一领导的前提下，充分发挥地方的积极性；在工业管理体制上，主张将部分工业的管理权下放，在放权的同时还要让利；在商业管理体制上，主张发展商品生产，搞活市场。

1963 年 3 月 19 日朱德在听取中共陕西省委负责人汇报时说：我们要找一条中国自己的建设社会主义的道路。1965 年 12 月 30 日，朱德主持第三届全国人大常委会扩大的第 24 次会议，会议听取第一工业部副部长曹鲁关于轻工业产品面向农村情况的报告。朱德说：“建设社会主义的根本目的是为了改善人民的生活。过去我们是学苏联的经验，现在我们要在毛主席的领导下，建设中国式的社会主义。”“建设中国式的社会主义”的提出，得益于朱德实事求是的精神和极高的理论品格、渊博的知识、丰富的经验和深邃的世界眼光。

毛泽东、朱德、刘少奇、周恩来等在社会主义制度建立前后，都对社会主义建设道路进行了探索，而且提出过“路线”“道路”“方法”“经验”等，但是第一次明确提出“建设中国式的社会主义”这一思想观念的则是朱德。当然，为了找到一条中国式的社会主义建设道路，第一代中央领导集体作了大量艰辛的探索，但朱德和其他老革命家也受到历史的局限，他们没有也不可能完成探索有中国特色的社会主义建设新道路的任务。1978 年十一届三中全会开辟新时期新道路，开创中国特色社会主义新理论，特色理论随后不断突破、发展和完善。

朱德最大的特点也是最大的优点，就在于他的实事求是、不尚空谈、一切从实际出发、不断创新。朱德所提出的“建设中国式的社会主义”，既不同于苏联模式的社会主义，又符合马克思主义基本原理。它是从中国具体国情和人民愿望出发探索出的理论结晶，是中国历史与现实、生活与逻辑的内在统一，显示出独特的中国气派和中国风格。理论来源于实践，又指导实践。我们党之所以能够带领人民取得革命、建设和改革的一个又一个胜利，一个重要原因就是始终坚持理论联系实际，用不断发展着的马克思主义指导新的实践，又用新的实践不断丰富和发展马克思主义。领导干部要具有与时俱进的理论品质，加强理论素养，既要透彻理解上级政策，又要弄清本地的实际情况，把两者有机结合，作出正确的决策，防止“上有政策，下有对策”的情况出现。

党的十八届三中全会通过的《中共中央关于全面深化改革若干重大问题的决定》提出“推进国家治理体系和治理能力现代化”。这里第一次把国家治理体系和治理能力与现代化联系起来，揭示了现代化与国家治理有着密切的内在关系，国家治理离不开现代化，现代化构成国家治理的题中应有之义。“国家治理体系和治理能力现代化”的形成和提出，是中国共产党高度重视现代化、不断求解现代化的结果，也是中国共产党认识现代化的最新成果，堪称现代化的“第五化”。

自 1949 年新中国成立后，中国共产党执掌政权、统领国事，经历了国家统治、国家管理和国家治理现代化的三个发展阶段。当年，当要确定进入建设国家的历史阶段时，朱德就着手于社会财富的保护和社会秩序的维护。还在解放军开始进攻城市时，朱德就极其关心两件事情，一是原有工商业特别是工业企业的保护，朱德再三强调和要求解放军不要破坏工商企业及其物资；二是私人资本和知识分子的保护，强调要允许私人资本做生意，要注意执行知识分子政策。早在红军建设时期，朱德就强调在战术上尽力讲究技术，在兵种和装备配备方面尽量提高技术含量。在朱德的观念里，建设国家必须进行现代化，搞现代化就必须依靠知识分子。1956 年 4 月 25 日朱德向中共中央提出：“现在世界上正处在工业技术革新中，必须运用世界最新的科技的成就，提高技术，对此我们必须十分重视。”

从国家统治到国家管理，是一个重大的历史转折；再从国家管理到国家治理现代化，更是一个跨越式的飞跃。在国家治理体系和治理能力现代化的过程中，要坚持中国共产党的领导，完善和发展中国特色社会主义制度；要吸纳人类文明的一切优秀成果，既要改革不适应实践发展要求的体制机制、法律法规，又要不断构建新的体制机制、法律法规，使各方面制度更加科学，更加完善，实现党、国家、社会各项事务治理制度化、规范化、程序化；要不断提高党科学执政、民主执政、依法执政水平，提高国家机构履职能力，提高人民群众依法管理国家事务、经济社会文化事务和自身事务的能力；要把各方面的制度优势转化为国家治理的实际效能，不断提高运用中国特色社会主义制度有效治理国家的水平。

20 世纪 50 年代末期以后，由于苏联断绝了同我国的经济往来，加之党的指导思想“左”的错误，我国逐渐采取闭关锁国的政策。朱德看在眼里，急在心头，他多次针对党内有人“关起门来搞建设，一切都由自己制造”的错误看法提出批评：“我们不要关起门来用小套套把自己套死。”“只强调自己制造，不要进口，这不是先进思想，而是保守思想。”1958 年 1 月 10 日，朱德在中共中央政治局扩大会议上又进一步指出，要打破以为我们在建设社会主义的问题上应当实行闭关自守、单纯地追求各个方面都要在一国范围内做到自给自足的错误思想。到了 1962 年，党内有些人闭关自守思想更加严重，朱德大声疾呼：“大门是关不住的，总要和世界市场打通关系。”

关于引进技术，朱德形象地比喻说，这好比小学生初学写毛笔字一样，要先“描红”，再“临帖”，慢慢地学会了某种字体，烂熟于心，有了很深的功底，然后，再去集各种书家之长，采各家之妙法，创造出自己独特的“书法”字体。如果我们不先学习别人，不“临帖”，掌握书法基本功，想一步登天，成为著名书法家，那是办不到的。任何一个书法家，都得经过这一阶段，然后方能成为大家。朱德的这一比喻，很贴切，符合技术发展的要求。任何一位科技工作者，在某个领域，要有所发明，有所创造，首先必须学会已有的技术，了解全过程，熟悉其性能，“尔后才能改进某项技术，才有自己的独特之处，成为行家里手”。朱德还主张，多请一些外国专家来中国工作，以便直接学到先进的技术和他们的经营管理方法。

对外开放，需要一些“窗口”。1961年，朱德指出港澳地位重要，我国要充分利用这两个出口阵地。对海南岛的开发，朱德尤为重视，他是第一个视察海南岛的我党高级领导人，并建议国家给予支援。一个国家的对外贸易，不仅仅是一个单纯的经济问题，不仅仅是与别的国家或地区做做买卖而已，它实质上关系到一个国家在世界上的政治与外交地位问题。朱德强调从国际主义高度来认识对外贸易的重要性。

人类如果不开放，或许今天我们还在刀耕火种、茹毛饮血。从钻木取火到火箭升天，从老牛拉车到磁悬浮列车，从农耕社会到知识经济时代，人类一步步地不断超越，靠的就是以开放的思维和更新观念为基础的不断创新。尽管朱德当年的对外开放思想与邓小平的开放观在内容和范围上有区别，现在的对外开放是全方面、多层次、多形式、多途径的，尤其是有了机制的根本性革命，但是朱德的探索为后人的实践提供了一定的理论基础。这些思想是宝贵的，折射出时代精华的理性之光。

全面深化改革是场攻坚战。新时期，同样可以向朱老总那里取经，学习他的进取意识、机遇意识、责任意识，学习他的政治智慧，把握大局、审时度势、统筹兼顾、科学实施，坚定不移朝着全面深化改革的目标迈进。

七　有一种教育是不输在家庭教育上

家庭的影响是朱德家庭教育观形成的第一课堂。

朱德后来在回忆母亲时写道：“我应该感谢母亲，她教给我与困难做斗争的经验……给我一个强健的身体，一个勤劳的习惯，使我从来没感到过劳累……她教给我生产的知识和革命的意志，鼓励我以后走上革命的道路。在这条路上，我一天比一天更加认识到：只有这种知识，这种意志，才是世界上最可宝贵的财产。”

得益于良好的家风，朱德小时候没有被溺爱和纵容，相反，在艰难的环境中锤炼出了优秀的品格和战胜困难的勇气。日后，朱德主张，孩子们应继承艰苦奋斗、吃苦耐劳的优良传统，要把后代培养成为“无产阶级革命事业的接班人”，“要接班，不要接‘官’”，要学会“勤俭持家”。

朱德功勋卓著，但不骄不躁。他告诫子女，躺在老一辈的功劳簿上，就会变成资产阶级的少爷。他杜绝子女利用父亲的职位便利享受任何特权，为家人规定“三不准”：不准搭乘他使用的小汽车；不准亲友无原则的相求；不准讲究吃、穿、住、玩。朱德规定，儿女们上班、孙子们上学，一律不得用他的车接送。他认为，小汽车是党和国家分配的工作用车，不是私有财产，除了本人工作使用外，家里任何人都不能使用，否则会培养他们的享乐思想和特权思想。从用车这样的小事中，朱德掂出很重的分量，他的生活原则和做人准则从不含糊，容不得半点私情。朱德的女儿朱敏曾说：“正因为当初爹爹没让我享受特殊的生活，让我和普通人一样生活和工作，才使我今天能拥有普通人幸福的生活和普通人那金子般的平常心。”

本书作者在朱德女儿朱敏家（吴志菲　摄）

在长期探索如何教育子女、如何培养接班人的过程中，朱德逐渐形成了自己的观点：要接班，不要接“官”。接班，是接革命的班，接为人民服务的班，如果忘掉了人民，心里想的是当官，就会脱离群众，早晚有一天要被人民打倒。要接好班就必须掌握为人民服务的本领，实实在在地干工作。

朱德审时度势地看到，新中国成立之初急需各方面的建设人才，为此他鼓励儿孙们要努力掌握一门专业技术，成为有用的专门人才。他的第二个外孙分配到工厂工作后，朱德很高兴地说："当工人好啊，就是要当工人、农民。不要想当'官'，要当个好工人。"大外孙初中毕业后，朱德建议他到黑龙江生产建设兵团务农，结果大外孙被分配去养猪，由于力气不够，把猪食洒了一身，他一生气，给家里写了一封信，要求调回北京，朱德知道后，马上回信对他进行了严肃的教育："干什么都是为人民服务，养猪也是为人民服务，怕脏、怕苦不愿养猪，说明没有树立起为人民服务的思想。为人民服务就不要怕吃苦。劳动没有贵贱高低之分。想调回来是逃兵思想。"

朱德告诫自己的子女和孙子辈，下乡插队的，要虚心接收农民的再教育，做一个有社会主义觉悟的、有文化的劳动者；进工厂的，要在厂里吃住，多和工人接触，接受工人阶级的再教育。他说："走与工农相结合的道路，是关系到青年人能否接好班的大问题，应该很好地在农村锻炼，虚心向群众学习，才能有丰富的知识，宽阔的胸怀，坚强的革命意志，才能真正成为无产阶级革命事业的接班人。"

领导干部每天工作繁忙，导致其与子女接触时间较少。这一结果造成父母对孩子的了解甚少。领导干部更有必要在教育好自己孩子上成为广大家长的榜样，因为教育好自己的孩子不只是对家庭负责任，更是对社会负责任的具体表现。

八 有一种学习可温润精神世界

因世代贫困，朱德家祖辈没有一个识字的人，饱受没有文化的痛苦。朱德说："我是一个佃农家庭的子弟，本来是没有钱读书的。那时乡间豪绅地主的欺压，衙门差役的蛮横，逼得母亲和父亲决心节衣缩食培养出一个读书人来'支撑门户'。"由此，朱德一生都不虚度光阴，十分珍惜读书学习机会。

朱德六岁那年，被送到远房堂叔朱世秦办的药铺垭私塾读书。朱世秦因为朱德书读得好而特别喜欢他。朱德从《三字经》学起，读完了《大学》《中庸》《论语》，还读了《孟子》的一部分。朱德后又在丁家私塾读了两年，除读完了四书外，还读了《诗经》《书经》，并且还开始学作对联。

不久，随伯父移居大湾，有远见的伯父又送朱德进入距大湾八里地的席家砭私塾继续读书。朱德后来考入顺庆府中学堂，求知的欲望使他如饥似渴地努力学习。国文老师每次上课，总是挑选一些有积极意义的古典文学作品，重点进行讲解，课后还指出要阅读的重点书目；有时课堂还组织学生讨论，互问互学。朱德特别喜欢阅读《孙子兵法》《史记》等名著，课后还常与同学们逐字逐句地研究《孙子兵法》，学习古代兵家的军事谋略和作战经验，并结合《史记》《资治通鉴》等书中的观点和内容，分析中国每个朝代的兴衰原因、政治得失、治乱复兴及经济文化的繁荣发展等，从书中学习治国的经验。

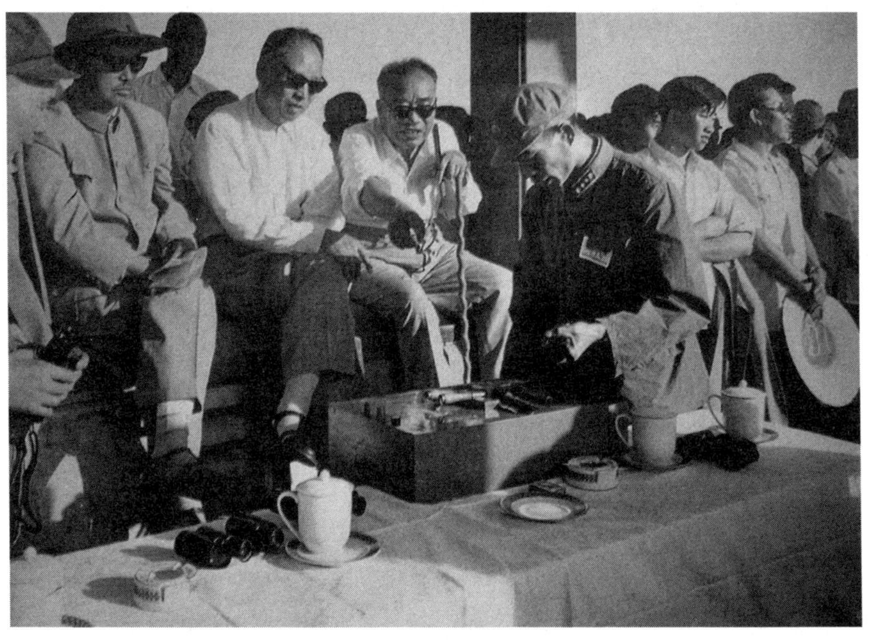

1964 年 6 月，朱德和彭真、贺龙、杨成武等在军事训练汇报表演现场

朱德从小就打下了深厚的国学根底。朱德直至晚年仍爱写诗词，他的作品既有古典词语的典雅，又有现代汉语的自然流畅、新鲜活泼，为大家所喜闻乐见。朱德对作诗的严谨态度使人折服。他的女儿朱敏回忆：“爹爹一生好学，一直比较喜爱写诗，在中南海里经常和陈毅、郭沫若等写诗的人交谈创作的体会。”他把改诗的过程，作为提高诗词思想性、艺术性的过程，作为锻字炼句、博采众长的过程。

晚年的朱德

优秀传统文化在思想上有大智，在科学上有大真，在伦理上有大善，在艺术上有大美。在中华民族艰难而辉煌的发展历程中，优秀传统文化薪火相传、历久弥新，始终为国人提供精神支撑和心灵慰藉。朱德爱好国学，爱好诗词创作，以其政治家的胸怀、军事家的胆识、革命家的智慧、诗人的才华，以彻底革命的精神，创作出精品力作。

早年在私塾发蒙时，朱德抓紧点滴时间，勤学苦读，在投身军旅之后，他也是手不释卷。1916 年至 1920 年底，朱德在川南地区驻防五年，在这段难得的平静时光中，他阅读了大量书籍，至今泸州市图书馆还保留着他阅读过或收藏的钤有“仪陇朱氏藏书之印”和“德字玉阶”印章的各类书籍 1500 余册。

1916 年秋，护国军攻克成都后朱德的留影

为寻求革命真理，1922 年，已 36 岁的朱德抛弃高官厚禄到德国留学，通过深入学习马克思主义，长久郁积在他心中的苦闷渐渐得到释解，革命理论将他引到一个崭新的天地。

1923 年 7 月，朱德从哥廷根寄给原护国军部下邹来宾的照片

1924 年朱德进入哥廷根盖奥格——奥古斯特大学学习社会科学时的入学注册卡及其译文（出生年份应是 1886 年）

可以说，朱德从小就品学兼优，在讲武堂是有名的高才生，又有留洋经历，是我党我军少有的具有深厚理论功底的革命家。但他从不满足，为了探索中华民族的伟大复兴之路，他一刻也没有停止刻苦学习。新中国成立后，朱德年事已高，但他刻苦学习的精神不减。1973 年以前，他已通读《毛泽东选集》四卷八遍；1974 年，88 岁高龄的朱德又完成了第九次通读。朱德读书有个习惯，凡是重要的著作，他都逐字逐句地读，每一个标点符号他都认真地做了标记。朱德纪念馆里就珍藏有朱德生前读过的书籍，这些珍贵的藏品生动地记录了朱德一丝不苟的学习态度。

1975 年前后，朱德已将近 90 岁高龄，一直体弱多病，但他的学习热情依然不减当年。1976 年 5 月，朱德收到了我国著名文学家、教育家和社会科学家成仿吾送来的《共产党宣言》新译本，成仿吾恳请朱德进行审读并提出意见。这不是一个简单的礼节性的行为，而是实实在在的请教。因为，曾经留学德国的朱德苦修德文，认真学习了《共产党宣言》等马克思和恩格斯的原著。这次收到新译本后，朱德认真地对照旧译本进行校读和批注。他看到成仿吾把旧译本中的“魔怪”改译为“幽灵”时，拍手称快。第二天，朱德一起床就交代秘书，要亲自去看望成仿吾。大家都劝他不用去了，派车把成老接来就行了，但朱德却说："为什么要人家来看我呢？他的年纪和我差不多，还是我去看他吧！"就这样，作为共和国一代伟人，朱德不顾年高体弱，驱车到中央党校宿舍登门拜访成仿吾，与他仔细切磋、促膝长谈，当面向他表示肯定并予以勉励，还表示"以后经常来"。然而，遗憾的是，一个月之后朱德就与世长辞。

我们感动于朱德对知识分子的尊重以及他本人的谦逊、真诚，从这个小故事也能看出朱德对马克思主义经典著作的熟稔与重视。这位坚定的马克思主义者，正因为准确掌握了马克思主义的精髓，所以才能将马克思主义在中国创造性地发展。古代思想家荀子说过："学者非必为仕，而仕者必如学。"学习是为政之基、为官之途，是领导干部健康成长、提高素质、增强本领、不断进步的必由之路。做一名合格的领导干部，就要善于通过学习扬弃旧义、探求新知，把学到的新知识转化成推动实践发展的新能力。

白首穷经通秘义，青山养老度危时。朱德直至耄耋之年，仍坚持学习、坚持读书，可以说读书陪伴了也帮助了他一生的革命生涯。从我们党的成长历程看，善于学习是中国共产党发展壮大、取得革命胜利并长期执政的重要武器。

1940 年 6 月 6 日，中共中央宣传部举行延安在职干部学习周年总结表彰大会，会上朱德被推选为"模范学生"。在致辞中，朱德讲了这样一番话："前方后方很多同志都说我是一个模范学生，老实讲，怕算不上，因为我小的时候读了些'诗云''子曰'，很多要不得的东西，要重新学起，一面学新的，一面还要丢旧的，我只知道一句俗话：'做到老，学到老，还有三分学不了。'我们要向前看，不然就要掉队。"朱德这段朴实无华的话，讲出了他对学习问题的基本认识，他不仅口讲而且实做，他以自己的终生学习为全党学习树立了楷模。朱德去世前五天，精神稍好一点儿，就对身边的人说："今天是'七一'，报纸发表社论了吧，拿来读读吧！"朱德就是这样，活到老，学到老。

在朱德诞辰 120 周年的纪念大会上，中共中央对朱德的品质作了全面的表述："朱德同志身上集中体现了共产党人的坚强党性和崇高品格，集中体现了中华民族的传统美德。朱德同志在为党和人民的毕生奋斗中表现出来的坚定理想信念、崇高思想品格、高超政治智慧，是极为宝贵的精神财富，值得我们永远学习和发扬。"

有人曾为仪陇德园撰赋，赋中写道：

朱德怀德于心，感德于党，施德于民，立德于军。德于律己，德操示范典型。德于施政，德治安定乾坤。德于安民，德风化为甘霖。德于统兵，德花绽放军营。总司令集三德、六德、九德于一体，德化德望，进德修业至终身，实可谓善美、正大、光明、纯懿之君也。

的确，德，做人、育人之先行，齐家、治国之基根。朱德是崇德修身的表率！

领导干部之“德”，看似无形实有形。因为人民群众能够实实在在感受到、体会到，最终会形成“口碑”。我们经常讲领导干部人格魅力不可少，人格魅力说到底就是“德”的感召力。领导干部的党性修养、思想觉悟、道德水平不会随着党龄增长而自然提高，也不会随着职务升迁而自然提高。领导干部只有勤修为官为人之德，把修德作为终生必修课，才能不断提高思想境界、形成高尚情操，以人格魅力取得事业上的成就，赢得群众拥护和支持。

国无德不兴，人无德不立。重视基本道德规范和基本道德秩序，是中华民族的重要传统。时下，中共中央提出要深入挖掘中华优秀传统文化，大力弘扬中华传统美德。的确，传统文化中蕴含着许多丰富的道德规范，这些道德规范成为凝聚中华民族的精神纽带，是中华民族在漫长历史长河中生生不息、不断发展壮大的一个重要支撑力量。

“德”不只是个名词，更是个动词。向朱德同志学习，只有人人以“德”行天下，为心灵寻找正能量，这个世界才会更美好！

朱德铜像纪念园（余玮　摄）

N 个名字背后的传奇朱德

人如其名，德行天下。朱德，这位共和国与人民军队主要缔造者的一生，是传奇的一生。在他波澜壮阔的革命生涯中，狗娃子、代珍、玉阶、存铭、建德、王楷等一个个名字成为他人生旅途的一个个印记。鲜为人知的是，“朱德”二字竟是他当年冒籍报考陆军讲武堂时更改的名字，他没想到这个名字跟随了自己一辈子……

一　“狗娃子”一生最大的遗憾

1886 年 12 月的第一天（清光绪十二年农历丙戌年十一月初六），刺骨的寒风裹挟着鹅毛大雪无情地袭扰着四川仪陇琳琅山西麓的李家湾这片贫瘠的土地。这天早上，贤惠勤劳的农妇钟氏和往日一样，天刚麻麻亮就起床，在灶前忙碌着给全家十几口人做早饭。她正要弯腰下蹲往灶门添柴时，只觉得腹部一阵剧痛，额头直冒冷汗。正在这时，手脚勤快的老祖母潘氏走了进来，一看二儿媳钟氏躺在灶前，心里已明白七八分。

老祖母当即把大儿媳刘氏叫了过来，一起把钟氏扶进房内，让她仰卧在床上……

哇、哇、哇……一个幼小的生命伴随着一声声啼哭，降临到人世间。他，就是后来的红军之父、中华人民共和国的开国元勋朱德。

朱家迁至仪陇已有百余年的历史。据朱德生父朱世林的墓文记载，朱家“籍起粤东，支分蜀北，自先世文先公移居兹土，世业为农……”原来，朱德的祖上是广东韶关县（今韶关市）的客籍人。明末清初，由于连年不断的战争，加上战后疫病流行，使四川人口骤减，土地抛荒增多。清朝统治者为了稳定其在四川的统治和征收赋税，采取鼓励向四川移民的政策，于是大群大群的外省人迁移至四川，其中尤以湖、广两地的人居多，史称“湖广填四川”。朱家就是在这场大移民运动中，从广东韶关入川的，最初在川北的广安县、营山县一带靠流动经营小商业来维持生计。清朝乾隆末年，朱氏第三代的朱文先带着第四个儿子朱自成，从营山迁到仪陇的马鞍场的大湾。随着家族的繁衍，人们便称这里为“朱家大湾”。

“发福万海从四克，有尚成文化朝邦。世代书香庆永锡，始蒙技术耀前章。”这是朱家族谱中的辈分28字韵文。朱德的曾祖父是“朝”字辈，名叫朝星。朱家在朱朝星那一代时，尚有老业田30挑，按一亩约五挑算，朱家田地面积还有约六亩。朱德的祖父是“邦”字辈，名叫邦俊，排行第三。朱家到了“邦”字辈，人丁兴旺，兄弟邦楷、邦举、邦俊、邦兴、邦久平分祖上传下来的老业田，每人分到的一点田地已不能维持生计。

于是，在1882年，朱邦俊把土地和草屋典了300吊钱作为资金，领着一家人搬到了离大湾两公里的地方，租佃了李家湾的丁邱川家80挑田土耕种。朱家世代务农，辛勤劳作，到头来仍是房无一间、地无一垄，沦为贫苦的佃农。

朱德出生时，一家三世同堂：祖父母朱邦俊和潘氏，伯父母朱世连和刘氏，父母亲朱世林和钟氏，还有三叔朱世和、四叔朱世禄，大哥朱代历（字云阶）、二哥朱代凤（字吉阶）、姐姐朱秋香，加上自己共有12口人。朱家落户在仪陇，算到朱德这辈已是第六代了。

朱德故居（余玮　摄）

在封建社会里，男子是家庭的主要劳动力，在家庭中特别受重视。老人担心男孩子出生后养不活，怕专捉小孩的“鬼魂”将他的生命夺走，便以动物名为孩子取名。朱德的祖母给家中的三个孙子都取了乳名——阿牛、阿马、阿狗。“阿狗”就是朱德的乳名，按川北习俗，三兄弟有时也被称为“牛娃子”“马娃子”和“狗娃子”。后来，朱德成为开国元勋后，回到家乡，还有老人讲：“哦！是那个‘狗娃子’回来了！”

“狗娃子”朱德出生的那间房子是丁家财主用于存放粮食的库房，有十几平方米，四面墙全是木板，房间低矮、潮湿、昏暗，只有从东面板壁上一个不到两尺见方的小窗户里能透进一缕光线。幼年的朱德和他的父母、兄姊等六口人，就住在这间仓房里。

在朱德的心目中，他最崇敬的人就是自己的生母。朱德长得很像母亲钟氏。钟氏 1858 年出生，父亲名钟必顺，朴实厚道，是个吹唢呐的好手，遇有婚丧、生日等红白喜事，钟家的人被雇去吹奏，遇年节、赶场搭个简单的台子演几场老戏，唱几曲山乡小调，处于社会的最底层。钟氏的父亲在外忙碌，家中的农活由母亲承担，母亲不仅操持屋内家务，而且田地农活样样在行，里里外外都是一把好手。在这个务农兼卖艺的家庭中，钟氏从父辈那里听来了一些故事，学会唱山歌民歌，她嫁到朱家生儿育女，有时给孩子们唱歌讲故事，给困苦的生活增添了一点乐趣。

钟氏先后生了 13 个儿女，因为家境困苦，无法全部养活，只留下了六男二女。

在朱德的记忆中，母亲性情和蔼，从没有打骂过孩子，也没有同任何人吵过架。在朱德稍懂事时，经常和哥哥们围坐在母亲身旁，在“吱扭扭”的纺线声中，听母亲讲那永远也讲不完的故事。每当母亲讲到穷苦人怎样受苦时，孩子们的眼睛里时常充满了泪花；每当母亲讲到有钱人为富不仁、欺负穷人时，孩子们又恨得攥紧小拳头。听着听着，孩子们困乏了，母亲便把他们一个个抱回漆黑的小屋，纺车又继续“吱扭扭”地响了起来。

四五岁时，朱德就开始帮助母亲做一些力所能及的活计。他后来回忆说：“我到四五岁时就很自然地在旁边帮她的忙，到八九岁时就不但能挑能背，还会种地了。”

后来，朱德离开家参加革命，一直没有机会回家乡看望母亲（只是后来在泸州期间与母亲生活过一段时间）。然而，朱德深深地爱恋着自己的母亲，关注故乡的一切。抗日战争爆发后的一年，四川闹灾荒，当从来山西投奔革

1937 年 12 月，朱德在山西省洪洞县八路军总部会见美国记者露丝等人（前排左起：康克清、露丝、丁玲；后排左一左权，左三朱德，左五彭德怀）

命的外甥那里得知家里的一些情况后，朱德非常挂念年迈的母亲。在抗日前线的山西洪洞县，他悄悄地写信向在四川泸州的好友戴与龄求助："……昨，邓辉林、许明扬、刘万方随四十一军来晋……述及我家中近况，颇为寒落，亦破产时代之常事，我亦不能再顾及他们。唯家中有两位母亲，生我养我的均在，均已八十，尚健康。但因年荒，今岁乏食，想不能度过此年，又不能告贷。我十数年实无一钱。即将来亦如是。我以好友关系向你募二百元中币。速寄家中朱理书收。此款我亦不能还你，请你作捐助吧！我又函南溪兄（寄）二百元，恐亦靠不住，望你做到复我。此候，近安。望你做到，复我。"

戴与龄接信后，才知名震全国的八路军总司令竟如此两袖清风，连资助老母也是心有余而力不足。这位老同学感动不已，当即筹足 200 元，送到朱德家里。

这封信现存中国国家博物馆。片纸情深，满纸质朴的语言，饱含孩子对母亲的反哺之情，彰显出革命者大公无私的坦荡胸襟。

钟氏在晚年知道自己的儿子担任了八路军总司令，但她仍不辍劳作，自食其力，唯一所求就是在有生之年能见上儿子一面，可因为当时正处于抗战时期，朱德身负重任，未能如愿。1944 年农历甲申年二月十五日，86 岁高龄的钟氏临终时念念不忘远在千里之外的三儿朱德，叫孙儿、孙媳们将自己抬到堂屋安放好，立即抹澡、梳头、包寿帕、穿寿衣、寿鞋。嘱咐后辈，不要把她葬入早已修好的"山"中（墓室），而是葬在屋后左侧的一棵大松树下，不修坟头、不立墓碑，以防反动派挖坟下毒手。孙儿、孙媳皆遵嘱安葬钟氏。

朱德是抗日战争时期到抗战最前线，既指挥共产党军队，又指挥过国民党军队的我党最高军事将领

噩耗传到延安，各界群

众举行了隆重的追悼大会，陕甘宁边区政府文化委员会主任吴玉章在会上号召，做母亲的要学习钟太夫人，做儿女的要学习朱德总司令。

此时，朱德的心情是悲痛的。他在接受意大利记者访问时曾动情地说，这一生最大的遗憾是“我没能侍奉老母，在她离开人间时，我没有端一碗水给她喝”。然而，朱德很快将这种悲痛埋入心底，化成一股力量，把对母亲的爱上升为对人民的爱、对中华民族的爱。他在《回忆我的母亲》一文中说：“母亲现在离我而去了，我将永远不能再见她一面了，这个哀痛是无法补救的。母亲是一个平凡的人，她只是中国千百万劳动人民中的一员，但是，正是这千百万人创造了和创造着中国的历史。我用什么方法来报答母亲的深恩呢？我将继续尽忠于我们的民族和人民，尽忠于我们的民族和人民的希望——中国共产党，使和母亲同样生活着的人能够过快乐的生活。”朱德一生的革命活动确实实践了这一诺言。

二　私塾里从“代珍”到“玉阶”

由于世代贫困，朱德家祖祖辈辈没有一个识字的人，饱受着没有文化的痛苦。1892 年，朱德六岁那年，老人把他们兄弟三人送到本姓家族办的药铺垭私塾就读。塾师是朱德的远房堂叔朱世秦。

朱世秦按朱氏宗谱的排行给朱德取名为朱代珍。在药铺垭读书的全都是农家子弟，朱德在学生中的年龄最小，但他聪明、肯学，记得的字最多。朱世秦因为朱德书读得好而特别喜欢他。

在药铺垭私塾读了一年之后，因为老师“教得不太行”，朱德三兄弟改读丁姓的私塾。这个私塾的主人，就是朱德家租佃田地的地主，朱德暗地里称他为“丁阎王”。私塾先生是一个秀才，课讲得比药铺垭私塾要好得多。这个先生知识广博，对每个字、词、句解释得很清楚。朱德见家里花费钱财供自己上学，学习更加勤奋刻苦。

当时能到像丁家私塾这样的地方读书的，绝大部分是地主或者有钱人家的子弟。朱家兄弟三人被安排坐在私塾里光线最暗的地方，周围的同学就是那些少爷。这些少爷根本看不起朱德兄弟这样穿着草鞋的穷娃子，时常用鄙夷的眼光盯着他们，甚至给他们起绰号，咒骂他们是“三条水牛”，还故意把“朱”写成“猪”，用各种方法来奚落他们。“人穷志不短”，朱德兄弟仨反抗过、斗争过，也曾将这些事情上告先生，可是先生也不敢得罪这些地主家的孩子，结果受斥责、挨手板的还是被欺侮的朱家兄弟。

一天，朱德在自家树上摘了一个梨，带到私塾后被丁家少爷们看见了，丁家少爷们将梨抢去就啃，还恶语伤人：“梨子是人吃的，哪个见过‘猪’（朱）吃梨！”这一下，朱德实在无法容忍了，就同他们理论起来：“我的梨子，你们凭什么抢去？”

话才出口，丁家的少爷们一拥而上，劈头盖脸地对朱德就是一顿拳脚。大哥朱代历上前阻止，同他们评理时，丁家少爷们对代历又是一顿拳脚。朱家兄弟实在忍无可忍，齐心协力进行还击。丁家少爷虽然人多势众，但他们个个都是衣来伸手、饭来张口的少爷，哪个也不是朱家兄弟的对手。朱家兄弟正在狠狠还击时，被先生吼住了，还被罚站了一阵子。朱德兄弟仨虽然觉得先生这样处理太不公平，但受雇于人的先生也有难处呀！

事后，先生对朱家兄弟好言相劝：“你们要学会忍耐。你们在丁家读书，不忍怎么读下去？”并鼓励他们：“要刻苦用功。古人云：吃得苦中苦，方为人上人。你们要能吃得下常人吃不下的苦，要能受得常人受不了的气，将来才能出人头地，有所作为！”这些话让朱德刻骨铭心。

在丁家私塾读书不久，朱家实在负担不起三个孩子读书的费用了，于是让两个大孩子回家种地，朱德因为年龄小，又过继给了伯父朱世连，所以能够继续读下去。他在丁家私塾读了两年，除读完了四书外，还读了《诗经》《书经》，并且开始学作对联。他用优异的成绩证明，穿草鞋的孩子不但会种田，还会读书，而且比周围所有的人都读得好、读得多！于是，就连偏心的先生也不得不承认：朱代珍这孩子这么用功，将来肯定有出息。

当时，旱灾严重地困扰着山区的农民，许多农家因为田里的禾苗枯死了，不得不扶老携幼，远走他乡。

1895 年，“地主欺压佃户，要在租种的地方加租子”，朱德家里没有力量交纳地主的加租，地主的管家就在除夕那天突然来到朱家，一进门就板着脸：“我家老爷有话交代，你家欠下的租，新账加老账，连本带利，分文不能少，就是卖儿卖女也得结清了。”

朱家老小听到这里，恨得直咬牙，老祖父朱邦俊气愤地对管家说：“你家老爷也太狠毒了，回去告诉你家老爷，今年要租子没有，要命有一条！”话音刚落就摔倒在地，晕了过去。管家看到如此情景，也只好收场，临出门时，还撂下一句：“你装死也没用。年前你交不了租子还不了债，就莫想过年！走着瞧吧！”

这时，琳琅山里下起了少有的鹅毛大雪，远近一片银白。远处不时传来一阵“噼里啪啦”的鞭炮声，那是“丁阎王”在丁家大院里关着大门欢度除夕。此时，朱家老小围坐在火盆旁，默默地送走这年最后一个寒夜，企盼着来年风调雨顺有个好年景。年迈的祖父朱邦俊苏醒过来后倚门站立着，望着漫天飞舞的雪花，感慨万端：谁说瑞雪兆丰年？！

没多久，“丁阎王”家的管家提着灯笼、带着打手闯进了朱家：“你们姓朱的全家都在这里，好好听着，我丁家老爷传话，你们欠的租债一定要还清！你家租的田全部收回，已另外招租了。限你们明天就搬出这里！”

这个突如其来的打击，犹如晴天霹雳一般，震碎了朱德全家人的心。农历大年初一，朱邦俊父子迈着沉重的脚步，冒着雨雪，顶着凛冽的寒风，在泥泞的小山道上四处奔波，为了全家人的生计，求拜佃主，租房佃田。他们奔波了一天，毫无着落。晚上，富人家的孩子们提着灯笼、放起了鞭炮，朱德和他的兄弟们却围坐在长辈的身旁，默默地听着大人们议论来年的生计。全家人计议到半夜，认为实在没有办法，只能向人家借钱赎回祖屋，分居两处各谋生路。于是，决定朱世林夫妇带着孩子迁居陈家湾，朱德随伯父母、祖父母及三叔、四叔迁回朱家大湾，在朱家老祖屋附近佃租土地。

本书作者余玮在朱德父母故居考察

分别的时刻是令人心碎的。朱德眼含热泪，依依惜别了慈爱的母亲和朝夕相处的兄弟们，离别了他生活了九年的山村……朱德后来回忆起当年家庭破产、骨肉分离的惨景时说："在悲惨的情况下，我们一家人哭泣着连夜分散……""母亲沉痛的三言两语的诉说以及我亲眼见的许多不平事实，启发了我幼年时期反抗压迫追求光明的思想，使我决心寻找新的生活。"

朱德随伯父移居大湾一年以后，有远见的伯父又送朱德进入距大湾八里地的席家砭私塾继续读书。他在这里断断续续地度过了八年的私塾生活。

塾馆的先生叫席国珍，是一位很有见地、又很有骨气的正直的知识分子。入学那天，伯父带着朱德拜见席先生。先生拍了拍朱德的肩头，十分满意地说："我给你起个学名'玉阶'，希望你用功读书，像白玉那样清清白白做人，扎扎实实做事，立志沿着玉石砌成的阶梯步步登高。你看如何？"朱德深深地鞠躬说："我决不辜负先生的厚望！"

在席先生的指导下，朱德先后读完了《纲鉴》《千家诗》《古文观止》《幼学琼林》《国语》《战国策》等，广泛涉猎了二十四史和诸子百家的一些文章。朱德学习勤奋，文思敏捷。有一次，席先生领着弟子路过一株梨树下，见梨树上果实累累，兴之所至，便出了上联："路边梨不摘"，让弟子对答。朱德当即对道："月中桂常攀"，极得席先生的赞赏。

在朱德眼里，席先生是一个"对外部世界颇有远见卓识的学者"，还是一个"周身叛骨、朝气勃勃的评论家"。八年间，席先生对封建统治者的抗争意识和图谋变法革新的维新思想对朱德走上民主主义道路，产生了重要的影响。朱德曾把席先生称作自己思想上的启蒙老师。

社会的动荡同样震撼着西南偏隅的山村。席先生经常把他听到的悲惨事实讲给孩子们听，启发大家关心国家和民族的命运。少年朱德在席先生的启蒙引导下，知道了许多大山以外的事情，明白了许多道理，萌发出要拯救中华民族的爱国意识。

三　想知道小城外的"存铭"和救国志坚的"建德"

1905 年，朱德 19 岁了。随着年龄的增长，朱德追求进步、寻求新学、向往西洋科学的欲望越来越强烈。地处穷乡僻壤的旧私塾已不能满足他的求知欲望，他一心要到外面去看看。

作为佃农的朱家，尽管经济地位、政治地位低下，但却无法摆脱中国传统思想的影响。他们含辛茹苦，省吃俭用，供养朱德念书，就是希望自己家里能有一个读书人，将来通过科举做官。这时的朱德思想上已经开始发生了一些新的变化，他希望去上新式学堂，接受新学教育。但是，朱德拗不过家中长辈的意志，也十分理解长辈们多年来的辛苦和期望，于是应试。

按照清朝科举考试的规定，必须在通过县试、府试和院试后，才能成为秀才。朱德家里没有钱，幸亏仪陇县城离大湾只有70多华里，凑了一吊钱，也就勉强能前去参加考试了。当时，朱德的父母和兄弟姐妹也都赶来送行，大家一句又一句地叮咛朱德一路平安。头上梳着长辫的朱德，肩挑简陋的行装，同席先生的儿子还有几个同学一道，步行到仪陇县城，参加县试。这是朱德第一次离开养育自己19个年头的家。

第二天，朱德一行先到城东的县署礼部验身。报名时，他改用“朱存铭”这个名字。而后，他们又一同去逛街。初次进城，朱德对这里的一切都感到新鲜，不时地驻足，总想看个仔细。然而，他更想知道，在这小城之外的世界是什么样子。

第三天，科举考试开场。经过几场笔试，朱德自我感觉良好。发榜的结果，朱德顺利地通过了县试。在1000多个考生中间，他的名字列在前20名。这是他自己不曾料想到的，不但全家高兴，乡亲们都很高兴。在这以后，家里就下了决心，即便是借钱也要支持他继续读书，继续应试。

这年秋，朱德又与几位同学结伴到顺庆府（今南充市）参加府试。顺庆，是仪陇等八县的府治所在地，地处嘉陵江西岸，是川北地区水陆交通和经济的中心，距离仪陇县城300多华里。朱德第一次走出大山，来到如此开阔的地界，一切是那样陌生，又是那样新鲜。

在顺庆期间，他听说这里的新式学堂是由国外留洋回来的人办的，教授的课程也是新式的，对此产生了极强的兴趣。

朱德回到家中不久，府试中榜的消息便传到马鞍场，朱家老小欢喜异常。他的伯父告诉家人，等到省试中榜，朱德就是秀才了；当了秀才，就可以去做官——那时，朱家光耀门楣的愿望就可以实现了。可是，这时的朱德却和家人想的不一样，他经过这次远行，开阔了眼界，增长了见识，顺庆府的新式学堂像一块磁石，深深地吸引着渴求新学的朱德。

考期逐渐临近，家人正忙着为朱德收拾行装。没料到，这时传来了朝廷的诏令，自丙午年（1906年）始，废止一切岁、科考。科举制度既已废止，省试也就没有什么意义了。这一消息，对于朱家来说，无疑又是一次打击，多少年来的希望顿时化为泡影，而朱德却得到了一次极好的机会。他趁机告诉家人，因为实行“新政”，才取消了科举考试，诏令中提到进学皆由学堂出身，去上新式学堂，将来同样有所作为。在他的解释下，家人终于同意了他的要求。

1906 年春，伯父东挪西借凑了一笔钱，供朱德去顺庆读书。朱德进入南充县（今南充市）官立高等小学堂就读，这个学堂是两年前由嘉湖书院改办的，教师仍是聘用举人、秀才担任，教学方法与教学内容同旧的私塾也没有两样，还是“子曰”“诗云”那一套。一心向往新学的朱德大失所望，在这所高等小学堂里读了不到半年，就在远房亲戚刘寿川先生的帮助下，和同窗好友戴与龄考入了顺庆府中学堂。为了鞭策自己学业上有建树，品德上有造诣，在新学堂如愿以偿，朱德自己改名为“朱建德”。

当时的顺庆府中学堂，聚集着一批具有科学知识和维新思想的有识之士。学堂的监督（即校长）就是后来著名的爱国民主人士、中国民主同盟创始人之一张澜先生。张澜主张革新教育和妇女读书，在教学中很注重爱国维新思想的灌输和科学知识的传授，设置了国文、数学、物理、化学、历史、地理、修身、格致（即生物）、图画、体育、外文等课程，一改旧式书院的陈腐风气，深得学生们的欢迎。

进入顺庆府中学堂，朱德第一次接触到如此丰富的知识，的确感到应接不暇，难于应付，他的学习成绩不甚理想。但是，求知的欲望使他如饥似渴地努力学习。

在顺庆府中学堂学习的日子里，朱德感到十分充实，他特别尊重监督张澜和良师刘寿川。尽管校务工作繁忙，张澜仍经常深入学生宿舍，与学生打成一片。他看见朱德铺上被褥很简陋，发现朱德吃饭也很省，又从刘寿川老师那里了解到朱德家境贫寒但学习用功，便经常和朱德谈话，鼓励朱德立大志，创新业。刘寿川的课讲得深入浅出，通俗易懂，富有哲理，朱德很喜欢听，两人来往甚密，经常促膝交谈。

在谈心的过程中，刘寿川向朱德介绍了日本如何经过明治维新从工业落后走向先进，并向朱德介绍了孙中山在日本创建同盟会、发行《民报》等革命活动，且秘密借给朱德一本革命党人邹容写的《革命军》，嘱朱德要好好读一读。于是，朱德第一次接触到“革命”的字眼。

在当时“强身救国”“教育救国”的思潮影响下，朱德接受了刘寿川的建议，决定到成都去，以求得更多的知识，拓宽自己的视野。

在四川省城高等学堂体育科读书时的朱德

1907年初，朱德借到四五十块银圆，只身一人徒步到了成都。到成都时，高等学堂、通省师范学堂、武备学堂等都在招生。那时候，“一般操练习武成了风气，连乡下都操，因为怕要亡国了”。他先考上了武备学堂的弁目队，那是为新军训练军士的，可是家里不让他去。接着，他又考入了四川省师范学堂附设的体育学堂，即四川省城高等学堂体育科。

入学后，这所学堂给朱德的第一个最深的印象是教师们都没有留辫子，而是把一条假辫子缝在帽子上，可以自由取下。还令朱德吃惊的是，学校里的女学生大都是天足，这是对封建道德的反叛，也让朱德感到振奋。

很快，朱德就对学堂里设置的新鲜课程产生了浓厚的兴趣。学习的课程有修身、教育、心理、生理、算术、图画、兵学、教练、体操、器械，其中体操又有枪操和普通操之分。在这里，他勤学苦练，努力掌握专业技能。

在成都学习期间，朱德结识了敬镕，在敬镕的介绍下，又认识了李绍沆、田玉如、张四维。由于他们都来自同一县城，因而经常在一起谈论志向，探讨救国救民的道理。

一晃一年过去了。在朱德的第二学期积分表上，12门课程总积分为1005分，平均83.7分，名列前10名，他顺利地完成了学业。

朱德从成都体育学堂毕业时，他的老师刘寿川已从顺庆府中学堂回到仪陇，在县里任视学，便推荐朱德到仪陇县立高等小学任体育教习兼庶务。同时，接收了朱德的好友李绍沆、田玉如和张四维，聘他们分别担任文理科教习。

朱德等人进入学堂后，接管了学堂的事务，引起旧派势力的嫉恨。他们千方百计地攻击、诋毁朱德等人。

不久就传出许多流言蜚语，说他们教的新学，有损国粹；说他们头戴假辫子，是假洋鬼子；说他们传授野蛮思想。有人还贴出一首打油诗：“十二学生五教员，口尽义务心要钱；未知此事如何了，但看朱张刘李田。”还有人说朱德教的体育课要求学生穿短褂和裤衩，是“猥亵的课程”，有伤风化。

谣言和诽谤没有动摇朱德等人兴办新学的信心，他们积极向学生及其家长宣传新学的进步意义，鼓励学生接受新学教育。于是，陆续有一些学生从私塾来到学堂就读。一时间，学生从原来的 12 人增加到 70 多人。守旧势力又雇用流氓恶棍捣乱，甚至大打出手……

一年的教习生活，使朱德对社会有了进一步的认识，他看到封建势力是怎样顽固，看到新旧思想的交锋是怎样尖锐，同时，也增强了他同封建势力进行斗争的信心，用他自己的话来说，“开始了反对封建主义的真正斗争”。在这场斗争中，他深切体会到“教书不是一条出路”，他决定去探寻新的救国道路。

1908 年底，朱德接连收到敬镕从成都写来的信，劝他一同去投考云南陆军讲武堂。于是，朱德在作出辞职的决定之后，即向老师和朋友辞行。

为此，他的恩师刘寿川同他彻夜长谈。朱德说：“在当前国家危难之时，我想去投军。”刘寿川问：“到哪去投军？”朱德说：“我的一位朋友来信说，云南开办了陆军讲武堂，夏季开始招生，约我一起去投考。我想去试试。”

“我支持你去云南投考讲武堂。你有着强烈的救国救民志愿，又具有军事天才，还能吃苦，走从戎救国之路前程无量。”刘寿川的一番肺腑之言使朱德极为感动。

告别了朋友和恩师，朱德踏上了回马鞍场的山路。

这一次回家，朱德没有说出自己的真实想法，只是说要去成都读书。他自己也没有想到，此次别离马鞍场竟一别 50 余年，直到 1960 年他才重返故乡。

四　“模范朱”险些被讲武堂除名的内情

日行夜宿，起早贪黑，经过 12 天的长途跋涉，23 岁的朱德于 1909 年初再次来到成都，找到朋友敬镕。

春节过后，朱德和敬镕结伴，迎着早春的风寒，踏上漫漫的旅途。这次千里跋涉远走云南，确定了他一生所走的道路，开始了从士兵到元帅的长途跋涉。

动身时，朱德除了那个从仪陇带来的小布包袱外，就是一捆草鞋。他就是凭着这捆草鞋去走天涯的，一路上经过嘉定（乐山）到了叙府（宜宾），向云南挺进。

山间的路蜿蜒曲折，一边是陡直的悬崖峭壁，另一边则是漆黑如墨的万丈深渊。在70多天的“小长征”中，朱德真正体会到了“吃尽云南苦”的全部含义。4月中旬，他们终于走进了云南省会——昆明的城门。

实在不容易呀！没有坐船，没有骑马，硬是凭着一双铁脚板和一捆草鞋，穿山越岭，涉水过江，走了3000余里。

朱德和敬镕在昆明城内龙井街一萧姓四川人开的临阳小客栈里住下。这时，朱德才决定给家里写一封信，一是报个平安，二是把自己这次离家远行的真相告诉父母。他在信里说，家里祖、父两辈人都指望自己支撑门户，指望自己当官、挣钱，使全家人从贫穷中摆脱出来。老人们的心愿是好的，但根本无法实现。眼看国家都快要亡了，救国要紧，没有国，哪还有家呀？！所以，现时无法顾家了。父母的养育之恩，只求来日报答。

第二天，他们去打听报考讲武堂的事情，很快了解到，讲武堂主要招收云南籍的学生，外省人没有当地老住户和有地位的人担保，是不能报考的。别人还告诉他们，陆军讲武堂主要是为新军及巡防营培养骨干，同时还编练新军一镇（师），定名为“暂编陆军第十九镇”。后来，敬镕找到了一位四川同乡，想请他担保报考讲武堂。这位同乡在由四川人组成的新军步兵标（团）里供事。这个步兵标驻在巫家坝，归云南新军第十九镇第三十协（旅）管辖。看在乡亲的份上，他满口答应了。

夏季里，云南陆军讲武堂的招生考试开始进行。朱德和敬镕在热情的川籍军官的介绍与担保下，报名参加了考试。公布成绩时，朱德和敬镕都合格了，且成绩都不错，他们俩十分高兴。朱德心想，进讲武堂的愿望终于实现了，几个月的艰苦努力没有付诸东流。

公布录取名单的那天，朱德早早就去了。谁知名单上只有敬镕，却没有朱建德。那一刻，朱德感到万分失望。

朱德不甘心自己的落第，他去追问那名川籍军官：“他们为什么不录取我？为什么？”那名军官带有几分同情的口气说：“也许因为你是四川人。”

“不对，你说得不对。敬镕也是四川人，他为什么能录取？况且我比他考得还好！”朱德为自己申辩。这时，敬镕皱了皱眉头，略带不安地解释：“建德，这件事也怪我，我担心四川人录取不了，在报名的最后一瞬间，我决定改变籍贯，写成出身云南一家地主家庭。”

听后，朱德老半天没有说出一句话。这个小小的把戏对于一向办事认真、为人老实的朱德是一个不小的打击。怎么办呢？身上的盘缠已所剩无几，四川也回不去了。朱德望着日夜向往的那个讲武堂，暗暗在心中说，我一定要进讲武堂，一定要去当兵。

当朱德把自己的想法告诉那名川籍军官时，军官感到很惊讶。那时候，有文化的人是不愿意当兵的。朱德愿意当兵，正是求之不得，那军官立刻答应把朱德介绍到川军的步兵标里去："不过，你最好改个名字。"

从这时候起，朱德就改掉了"朱建德"名字，而以"朱德"两字报名当兵，并把自己的籍贯改成云南省临安府（今建水）蒙自县。因为这一个变故，后来有许多人都以为朱德是云南人。

在新军里，由于朱德的文化程度高，又上过体育学堂，有强健的身体，在入伍后的基础训练中，就取得了优异的成绩，很快就担任了队（相当于连）部司书（文书）。

朱德在司书这个职位上只干了一两个月，七十四标标统（相当于团长）罗佩金就主动保荐朱德到陆军讲武堂受训。步兵标和讲武堂虽然只有一墙之隔，但朱德仍然为能进讲武堂受训而庆幸。一有机会，朱德就去观看讲武堂学员的训练。

一天，罗佩金把朱德叫到跟前，上下扫了几眼，虎声虎气地说："讲武堂又要招考新生了，本标统有意保荐你赴考，怎么样？"朱德一听，喜从天降，连忙抬手向罗佩金敬了一个礼。

各项考试都进行得很顺利。这一次，朱德在报名表上填的是云南临安府蒙自县人，而不是四川人。不过，口试时，主考官觉察他说话有四川口音。这时，朱德巧妙地回答："我家祖父居守蒙自老业，家父久在四川做官，我自幼随父，所以是四川口音。"于是，朱德很顺利地被录取了。这年，他终于走进云南陆军讲武堂的大门。后来，朱德在回忆时说："我的志愿总是想做个军人，而这个讲武堂恐怕是当时中国最进步、最新式的了。它收学生很严格，我竟被录取，因此感到非常高兴。"

云南陆军讲武堂坐落在昆明承华圃，东临翠湖，这里原是明洪武年间沐国公沐英练兵的旧址。讲武堂监督（后任总办）李根源和教官方声涛、赵康时、李烈钧、罗佩金、唐继尧、刘祖武、顾品珍、张开儒等都是日本士官学校的毕业生，其中大多数人在日本留学期间参加了孙中山领导的同盟会，拥护孙中山提出的革命主张，怀有强烈的反清情绪。

讲武堂分甲、乙、丙三个班，又分为步、骑、炮、工四个兵科，计有学生 400 余人。朱德作为丙班步兵科的学生开始了紧张的军事训练生涯。

讲武堂的学习生活是紧张的，每天上课六个小时，下操两个小时，只有星期日才可稍作休息。由于朱德经历过一段士兵的生活，于是很快就适应了这里的环境。

在课堂上，他认真学习基本理论和基础知识；在训练场上，他努力掌握每一个动作要领。很快，他的成绩在全班名列前茅，受到同学们的敬佩和教官的赞扬。

日后，朱德回忆说："这时候我学习得很舒服，又没有什么挂虑，家嘛离得老远。也没有亲戚朋友，这可以说是一个特别专心学习的时期。"他的同班同学杨如轩回忆："朱总在讲武堂时给我印象最深的就是他刻苦好学，哪怕休息时间，他都用来看书或锻炼。"

朱德指挥队伍时，动作干净利索，喊口令时声音洪亮，为全校之冠。每当遇到外国领事到讲武堂来参观，总办李根源总是从学生中指令朱德和朱培德两人出来指挥，同学们一时称他们为"模范二朱"。

有一天，李根源在操场看到朱德的训练动作做得准确、利落，心中感到由衷高兴，当即向朱德所在队的队长顾品珍夸奖起朱德。而顾品珍对此并不以为然，并向李根源述说了朱德冒籍进入讲武堂的事情。

原来，顾品珍在上课时经常体罚学生，引起学生们的反感。可是谁也不敢得罪顾品珍。为此，朱德带头向顾品珍提出反对体罚的意见，弄得顾品珍十分尴尬。后来，顾品珍察觉到朱德冒籍的事。于是，伺机报复朱德，建议将他除名。

朱德知道冒充云南籍贯的事已经瞒不过去了，就把自己同敬镕一起相约投考讲武堂，立志以军事救国，怕家庭阻拦，只身出走，凭借朋友凑给的微薄盘缠，千里跋涉，步行到昆明，第一次报考未被录取的原委，详详细细地在李根源面前叙说了一遍。听着听着，李根源被打动了。

李根源和顾品珍是日本士官学校的同学，深知其刚愎自用、气度狭隘。于是，他心平气和地对顾品珍说，朱德有志于救国，不远千里投考讲武堂，实为可贵。像他这样朝气蓬勃的有志青年正是讲武堂需要培养的人才。同时，李根源还主张对朱德冒籍一事更改过来即可，不必再追究。在李根源的劝说下，顾品珍恍然有所悟，怒气渐消。后来，朱德回忆说，从此顾品珍改变了对他的态度。

1911 年 7 月，云南陆军讲武堂，主席台上方挂着“云南陆军进武堂特别班毕业典礼”会标。100 余名特别班学员肃立于礼堂中央。台上，列坐着云南显赫人物：云贵总督李经羲（注：原云贵总督锡良已调任东三省总督、热河都统）和他的僚属；新军十九镇的统制、协统、标统们。讲武堂总办李根源逐次点呼学员领取毕业证书。

“特别班毕业生金汉鼎！”李根源刚喊出口，金汉鼎立即上台，接过毕业证书后退回原位。

“特别班毕业生朱德！”喊到朱德，朱德以洪亮的嗓音答应：“在！”并以挺拔有力的标准军人仪态走向主席台。

七十四标标统罗佩金悄声对三十七协协统蔡锷说：“这位就是讲武堂学员中有名的‘模范二朱’之一的朱德，四川仪陇人。”蔡锷赞许地点了点头。

朱德从李根源手中接过毕业证时，李根源笑了笑，讲：“朱德是我们讲武堂的优秀毕业生！你们可要知道，他为了进这个讲武堂，从四川步行数千里，还冒充云南人，险些被我除名……”

曾耳闻过朱德有关情况的蔡锷一听李根源的介绍，喜上眉梢，更是对朱德产生了好感：“看得出来，朱德同学将来一定会有所作为。”

朱德见蔡锷很瘦削，那对相距甚宽的眼睛闪出逼人的气魄和潜力，双颊像女性，嘴角又显得严峻、刚强，心中油然升起几分敬意。听到蔡锷夸奖自己，朱德立刻露出谦逊的微笑，说：“学生只是为了救国救民，才下决心来云南学习军事。”

“说得好！说得好！中国要谋求独立自由，必须建立起强大的军事武装。”蔡锷很欣赏朱德的朴实和坦率。毕业典礼结束时，蔡锷还特别邀请朱德到他的住处去看看……

五　“王楷”率部起义后遇险为“伙伕头”

南昌起义成功后，前敌委员会决定，起义军立即按中共中央原定计划撤出南昌，南下广东，实行土地革命，建立革命根据地。

起义部队仍沿用国民革命军第二方面军的番号，由贺龙兼代总指挥，叶挺兼代前敌总指挥，下辖第九军、第十一军、第二十军。其中，韦杵任第九军军长，朱德任副军长。

此时，韦杵因病赴武汉治疗，不在军内。起义军撤离南昌前，又改由朱德任第九军军长。朱德根据前委指示，一面着手组建第九军的指挥机构，一面整编参加起义的军官教导团，并吸收一部分铁路工人和青年学生，组成第九军教导团。

到广东去有两条路：一条是经平城、吉安、赣州，然后沿人烟稠密地向南进；一条是走临川、瑞金经闽西入广东境内。起义军选择了后者。但不管走哪一条道，都有一种关系与朱德有牵联，那就是吉安守军指挥官王均、临川守军指挥官杨如轩都是朱德在滇军时的老相识。为此，1927 年 8 月 3 日清早，起义军撤离南昌时，朱德被任命为先遣司令，他带着第九军教导团作为先遣队踏上南下的征途。

从南昌城出来，朱德按照总指挥部的指示下了一道命令："减少个人行装，多带武器弹药。"轻装后，部队加快了行军速度。

临川，旧称抚州，是起义军南下时经过的第一个重要城市。驻临川的北伐军第九军第二十七师师长杨如轩得知起义军要路过那里时，考虑到同朱德多年同窗和袍泽的关系，又"慑于革命声威，同时为了保全自己的实力"，便把部队撤到城外，悄悄地给起义军让出一条南下的大路。8 月 6 日，朱德率起义军先遣队到达临川，全城各界群众集结在大道两旁欢迎起义军，还为部队准备了凉棚和茶水。

起义军在临川经过将近一周的休整，于 12 日告别临川，挥戈南进，经过宜黄、广昌，直指瑞金、会昌。这时，蒋介石的嫡系部队钱大钧部两个师加两个团共 9000 人，已从赣州调往瑞金、会昌一带，准备拦击起义军。他的两个前哨团驻在瑞金以北 30 里的王田市。桂军黄绍竑部 10 个团也正赶来增援。面对这样的局势，起义军指挥部决定将第二十军的第三师拨归负责先遣任务的朱德指挥。

会昌战斗结束后，前委讨论继续南下的路线问题。起义军原定计划是取道寻乌直下东江。这时，寻乌至东江一线已有敌方重兵把守，而福建却是对方兵力空虚之地，进军阻力较小。加上在王田、会昌战斗后，起义军增加了许多伤员，取道寻乌，都是山路，运输困难，而经长汀南下，可以用船只运输伤员。于是，变更了原来的计划，改走福建长汀、上杭，沿汀江南下东江地区。

起义军越过闽赣边境的武夷山后，在 9 月 5 日开进长汀，在这里对夺取东江的计划又进行了详细的讨论。为此，形成了三河坝分兵的决策，使原来兵力已显不足的起义军力量更加分散了。

于是，由周恩来、贺龙、叶挺、刘伯承等率第二十军和第十一军的第二十四师，从处在粤闽边境的大埔乘船，经韩江顺流而下，直奔潮汕；朱德率领第十一军第二十五师和第九军教导团，共约 4000 人留守三河坝，以防敌军从梅县抄袭主力部队进军潮汕的后路。

入夜，朱德考虑到掩护主力的任务已完成，遂率部南下去会合起义军主力。进至饶平县时，与从潮汕撤退下来的起义军余部约 200 人相遇，才知主力部队已失败。

朱德同几个主要领导干部研究后，决定部队必须尽快离开这里，否则将有全军覆没的危险。10 月下旬，起义军余部到达江西安远县天心圩时，只剩下 1000 余人，不少官兵相继离队，有的还在继续流露出失败情绪，要求解散部队。经过天心圩的整顿和以后行军途中的思想政治工作，部队的情绪有了转变，开小差的减少了。

10 月底，朱德率部到达赣粤边境的大余地区。正如朱德所预料，国民党新军阀各派之间矛盾重重，这时候，继宁汉之战后，又爆发了粤系、桂系、湘系军阀的混战。他们忙于互相争夺，不得不暂时放松了对起义军的追击。朱德、陈毅便利用这个间隙，领导部队进行了一次整顿和整编。

当时，这支由不同兵源组成的部队，已经七零八落，不成建制。原来的军、师都成了空架子，已不能适应新的情况。站在队伍前面，朱德望着一个个衣衫褴褛、面黄肌瘦的官兵，心情十分沉重。但是，他知道剩下来的七八百官兵都是淘汰泥沙后的真金，是全军的精华，是宝贵的革命火种。这次整编，取消了“军、师、团”建制，从实际出发，把部队改编为一个纵队，共组成六个步兵连和一个迫击炮连、一个重机关枪连。为了缩小目标，便于隐蔽，部队采用“国民革命军第五纵队”番号，朱德化名王楷任司令员，这是从朱德的字“玉阶”二字演化而来的。同时，陈毅任指导员，王尔琢任参谋长。

11 月初，部队来到湘、粤、赣三省交界的山区江西崇义县西南的上堡。当时，湘、粤军阀之间重新开战，无暇顾及起义军余部。朱德抓住这一有利时机，又一次进行了整训。

起义军在江西崇义县上堡整训时，朱德从报上意外地看到国民革命军第十六军已从广东韶关移防到同崇义接邻的湖南郴州、汝城一带。他同陈毅商量后，便写信给云南陆军讲武堂的同期同班同学、第十六军军长范石生，希望同他们合作。

朱德给范石生的信发出去约半个月后的一天，国民革命军第十六军的一位韦姓军官化装成挑夫，奉范军长之命送来了复信。朱德打开一看，高兴得不得了，原来上面写着："春城一别，匆匆数载。兄怀救国救民大志，远渡重洋，寻求兴邦救国之道。而南昌一举，世人瞩目，弟感佩良深，今虽暂处逆境之中，然中原逐鹿，各方崛起，鹿死谁手，仍未可知。来信所论诸点，愚意可行，弟当勉以为助。兄若再起东山，则来日前途不可量矣！弟今寄人篱下，终非久计，正欲与兄共商良策，以谋自立自强。希即在驾汝城，到曰唯处一晤。专此恭候。"

望着范石生熟悉的签名，朱德心中荡起一阵喜悦："难怪中山先生把他誉为'军中一范'。山重水复疑无路，柳暗花明又一村。"他一边让人好好款待范部的信使，一面找陈毅等商量。

11 月 20 日，朱德受党组织的委托，带着一个卫队从崇义的上堡出发，去汝城同曾曰唯谈判。在途经汝城县壕头圩后，天色很暗了，于是在一座祠堂里住了下来。朱德命令卫队布置岗哨，封锁消息，以免惊动附近的何其朗土匪武装。他和警卫员就住在祠堂后院伙房旁边的一间小屋里。

"叭！叭！"半夜间，两声清脆的枪声，打破了山村的宁静。卫队的队员操起家伙直奔祠堂外制高点，祠堂里只剩下朱德和警卫员。这时，不知从哪儿摸上来的一股土匪，撞开了祠堂大门，吆五喝六地向后院冲来。

这时，朱德已来不及隐蔽，他急中生智，侧身走进厨房，随手拿起伙伕的围裙系在腰上，就往外走。几个土匪迎面拦住他："快说！朱德在哪里？"朱德指了指后面的房子："在后面。"

几个匪兵顺着所指方向一窝蜂地追去。可有个提着手枪的小头目，满脸奸笑，仍很不放心地继续盘问："你是干什么的？"朱德把双手的手掌在围裙上擦了擦，带着几分窘迫，很不好意思地回答："我？是个伙伕头。"

小头目左看右看，还是不放心，把他拉到油灯下，仔细瞧了一遍，只见他穿得破破烂烂的，满脸胡茬子，像有五六十岁，身上的旧军衣早已洗得发白，腰上围着条脏里吧唧的破围裙，脚上还穿着一双草鞋，也就信以为真了。

这个小头目急忙撇下朱德，扭头盘问起警卫员。朱德生怕警卫员露了馅，随即拔出手枪对准小头目，小头目脑袋开花，栽倒在地。朱德同警卫员打开后窗，纵身跳出，顺着枪声去找部队。

被打死的小头目，正是土匪何其朗的小舅子朱龙奴。他是奉其姐夫之命来抓朱德的。原来，当朱德带着小分队路经壕头圩附近的白村时，走漏了消息，被伪乡长何曾智知道了。这时，蒋介石悬赏通缉朱德的告示到处可见，他觉得这可是个领赏的机会，就给何其朗报信。何其朗便把这一能领赏的美差交给了自己的小舅子朱龙奴，让他带200个民团前往捕捉朱德，没想到……

这次经历后来传播很广，朱德也因此得了一个“伙伕头”的称号。

当年，陈毅前往上海向中央汇报时曾写下这样一段话：“群众及敌兵俘虏初见鼎鼎大名的红四军军长那样芒鞋草履，十分褴褛，莫不诧异。若不介绍，顶多估量他是一个伙伕头。”干部战士把军长叫作“伙伕头”，不仅有亲切感，这种形象还多次起过救命作用。

1929年初，红四军从井冈山突围，混战中朱德被冲散，与一群敌兵相遇。敌兵看他年纪又大，衣衫又破旧，按旧军队的装束像个伙伕，喝问道：“你知道朱德在哪？”他们要抓的这位红军最高指挥员向别处一指，敌兵便不屑一顾地舍他而去……

再说到汝城后，朱德同曾曰唯进行了两天的谈判。在谈判中，朱德提出三个条件：“我们是共产党的队伍，党什么时候调我们走，我们就什么时候走；给我们的物资补充，完全由我们支配；我们内部组织和训练工作等，完全照我们的决定办，不得进行干涉。”最后，双方达成协议：同意朱德提出的部队编制、组织不变，要走随时可走的原则；起义军改用第十六军四十七师一四〇团的番号，朱德化名王楷，任四十七师副师长兼一四〇团团长（不久，范又委任朱为第十六军总参议）；按一个团的编制，先发一个月的薪饷，并立即发放弹药和被服。

在朱德同曾曰唯谈判进行到尾声时，范石生赶到汝城，与朱德见面。同学之谊、坎坷之路、未来之计都成为他俩的话题。最后，范石生建议，朱德部以第十六军四十七师一四〇团名义进驻湖南资兴。朱德认为可行。

当天范石生在汝城城外储能小学召开了全军尉级以上军官会议。会议开始，范石生讲话：“弟兄们，我今天很高兴地告诉你们，我们十六军又添人增丁了。”他指着朱德，“这位就是新到任的第四十七师副师长兼一四〇团的团长王楷将军！”

接着，他介绍了王楷少小习武，出身于云南陆军讲武堂，供职于护国军，后留洋研究世界各种战法，并告知部下：“王将军是我滇军之前辈、范某的义兄。今后，弟兄们服从王将军就是服从我范某！”在座各位官佐伸长脖子看看军长如此尊重和抬举的这位神秘人物，一些当年滇军中的部下更疑惑：这个王楷怎么那么像大战棉花坡的朱旅长呢？

掌声和议论一直不断。轮到朱德讲话："弟兄们！我叫王楷，也叫朱德。"一开口，台下的掌声便爆响起来。他这么说，一则是知道范部许多师团官佐都是在滇军有过接触的部下，二则他是个实在人，隐姓埋名非他性格所为，是不得已而为之，于是他只有跟大家实话实说。

部队驻防资兴，终于得到一次难得的休整。最重要的是有了冬装，还有毛毯、背包带、绑腿和干粮袋等，起义军余部顿时又活跃起来。

1928 年初，蒋介石在范石生部安下的钉子丁煦弄清南昌起义军余部隐蔽在范石生部队里，且朱德也化名隐藏其中，立即报告了蒋介石。蒋介石得知后，气得火冒三丈，派出方鼎英部的第十三军从湖南进入粤北，监视起义军和范石生的动向。

范石生立刻写信派秘书前往犁铺头，告诉朱德，劝他立刻离去，还送来几万元大洋。在这万分紧急的情况下，朱德立即率部脱离险境，开进粤北山区的杨家寨子，这里与湖南的宜章只有一山之隔。

杨家寨子的乡亲用滚烫的大碗酒茶招待了这支部队。正喝着，突然一阵骚动，传来马嘶声。很快，一位身强力壮的汉子跃马而下站在面前。

打过招呼，朱德才知道来者是胡少海。胡少海家是湘南宜章县的富户，父亲是宜章的豪绅，他排行老五，乡亲们都称他为"五少爷"。他虽然出身豪门，但领导着一支农民武装，打富济贫，秘密进行革命活动。

"朱将军，我听说你们大闹南昌的事情，可佩！可敬！"胡少海当即表示，人马随朱将军分派，并让人牵来一匹高头大马，送给朱将军当坐骑。"一起革命！革命到底！"朱德同胡少海把手握在一起。

"请大家谈谈，看湘南暴动这把火如何从宜章点起来？"朱德动员大家献计献策。朱德默默地听完大家如何攻取宜章的主意后，站起来，一边踱步，一边思索，突然转过身来面向大家，说："我们这里不是有一个胡少海吗？他出身豪门，参加革命后没有公开地参加过本乡本土的阶级斗争，身份尚未暴露。我看有一着棋可由这位宜章有名的'五少爷'来走。"朱德说："起义的时机虽然成熟了，但是，由于宜章城易守难攻，起义行动决不能强攻，只能智取。"于是，朱德把自己考虑好了的智取宜章的计划在会上作了具体部署。

最后，朱德打着手势风趣地说："……先来一个'请君入瓮'，然后再‘瓮中捉鳖’。”大家齐声叫好，都感到这是条“周郎妙计”，走的是一着妙棋。朱德对胡少海说：“这出戏由你唱主角，我只是个导演，戏可一定要演得像真的一样，演好演活，不能有任何破绽。”

很快，一封盖有国民革命军第十六军一四〇团关防的公函递到了宜章县县府衙门。县长杨孝斌打开公函一看，原来是本县富豪之子胡少海以国民革命军范石生第十六军一四〇团团副的名义写给他的信，信中告诉他：国民革命军第一四〇团奉范石生军长之命，即将移防宜章，以“协助地方维持治安”，本团先遣队由团副胡少海率领将于 1928 年 1 月 11 日进驻宜章县城。杨孝斌看完了这份公函，觉得胡少海荣归故里，并且又是带部队来维持家乡地方治安的，理应热烈欢迎。于是，他把县参议长、团防局头目、警察局长，还有商会会长以及各界士绅等所有在县城里的头面人物都找来，商量如何迎接即将进城的团副胡少海及其带领的先遣队。

1 月 11 日，天气晴朗。宜章打开城门迎接胡少海“荣归故里”。县里的头面人物都到南门外迎接。先遣队入城后，立即布哨，换下了团防局的哨兵，把宜章城的交通要道全部掌握在自己手中。然后，向朱德发出一封密信，告诉他一切都很顺利，可以按原计划进行。

1 月 12 日，正午过后，朱德带领起义军开进宜章城，在一四〇团司令部的临时驻地宜章县女子职业学校开会研究行动方案。胡少海汇报说，根据各方面的情况判断，当地官员、士绅还蒙在鼓里，只是对部队进驻宜章的目的有着种种猜测，事不宜迟，应该及早动手。朱德问宴请各界的事安排得怎样了？胡少海说，他已向县长杨孝斌提出，杨孝斌说那样使不得，不能反主为宾，王楷团座一到，就为各位接风洗尘。朱德说：“那我们就借水行船吧！杨县长要给我省下这顿饭钱，那我们就不讲客气了啰！”

宴会在县参议会的明伦堂里举行。酒过三巡，大厅里进来一个跑堂的，一声长叫：“鱼，——来啦！”这是约定的信号，说明一切都已准备停当。

鱼上桌的那一瞬间，朱德站起来，“哐！”一声把盛满酒的杯子往地上一掷，全场顿时哑然无声。门外立刻冲进 10 多个卫士，把枪口对着那些官员和士绅。被这突如其来之事弄得莫名其妙的杨孝斌，大着胆子结结巴巴地望着朱德、胡少海说：“你……你……你们是什么人？”

这时，朱德走出座位，面带几分微笑：“委屈各位了。”很快，他又一拍桌子，厉声宣布：“我们是中国工农革命军！我就是朱德！”这一晴天霹雳，吓得那些在座者魂不附体，目瞪口呆，面如土色。随后，朱德表情肃正："在座的可以说都是贪官污吏、土豪劣绅。你们作威作福，糟蹋乡里，反对革命，屠杀工农，十恶不赦，是劳苦大众的罪人。现在把你们统统抓起来，听候公审！"杨孝斌听了朱德的话，知道上当了，耷拉着脑袋再也不敢作声了。

几乎在同一时间，陈毅、王尔琢指挥起义军以迅雷不及掩耳之势，解决了驻在城东"养正书院"的团防局和警察局，俘虏了400多人，缴枪300多支。

"起义了！暴动了！"年轻人拿起了梭镖，妇女们抱着孩子，老年人倚门扶杖，彼此奔走相告。不一会儿，消息就传遍了全城和四郊。革命的浪潮很快就席卷了全县。顷刻之间，宜章城里一片欢腾。

1月13日上午，中共宜章县委在城内西门广场召开群众大会。会上，朱德根据广东省委的指示，郑重宣布起义军改名为"工农革命军第一师"，朱德任师长，不再用"王楷"化名，陈毅任党代表，王尔琢任参谋长，蔡协民任政治部主任。在这里，第一次举起了镰刀斧头的红旗。

…………

除了名字的更迭外，朱德一生还拥有许多他人给取的绰号，除了上文所提及的"模范朱""伙伕头"外，1930年，朱德成为红一方面军总司令，翌年成为中国工农红军总司令。此后几十年间，"总司令"或"朱老总"在党内成为朱德的代称。毛泽东曾称他是"红司令"，并说，"朱毛，朱毛，我是你身上的毛啊"！当然，在"文革"的非常岁月里，那些妄想篡党夺权的野心家、阴谋家曾诬陷他是"黑司令"。美国女作家史沫特莱在《伟大的道路》中曾恰如其分地赋予朱德"红军之父"的称谓。这位"朴素浑如田舍翁"的开国元帅，有"共和国第一元帅"的美称……

一个个名字或绰号，都是开国元勋朱德人生履历中一个个传奇的印记。他的思想、品格在中国人民中受着毋庸置疑的尊敬和爱戴，他的革命经历更是"20世纪中国革命的里程碑"（周恩来语）。

从伍若兰到康克清的红色之恋

南昌起义向国民党反动派打响了武装反抗的第一枪，标志着中国共产党领导的反帝反封建的斗争进入一个新的历史时期，揭开了由中国共产党独立领导的、以革命的武装反抗反革命武装的中国民主革命的新篇章。

30 年后，朱德在纪念这一光辉的节日时，曾以喜悦的心情写道：

南昌首义诞新军，喜庆工农始有兵。
革命大旗撑在手，终归胜利属人民。

南昌起义之后的朱德，经历了怎样的心路历程呢？

一　“许送枪”助力起家

1928 年 1 月初，蒋介石发觉了朱范关系，朱德部队迅速脱离范部，进入了湘南。部队在宜章县农会主席杨子达配合下，由粤北进入宜章杨家寨

（今广东乳源县）。在这里，朱德分析了当时的情况，采纳了湘南党委的负责人的意见，当机立断，作出了进军湘南的决定，以配合当地农民运动，开展局面，奠定湘南暴动的基础。

部队到达莽山洞时，中共宜章县委书记胡世俭和胡少海，又与朱德部队制订了组织宜章暴动计划。

朱德智取宜章后，消息不胫而走。这在当时成为南部中国特大新闻。曾经发动“马日事变”的刽子手许克祥接到“即日‘进剿’，不得有误”的命令后得意扬扬地说：“老子用六个团同朱德的一个团去较量，吃掉他绰绰有余！”立刻带着全师人马，从广东乐昌日夜兼程北上，想去扑灭湘南起义的烈火。

大年三十的前一天晚上，朱德、陈毅率部主动撤出宜章县城，准备经梅田、浆水、碕石，转移到离宜章县城西南约 80 里的黄沙堡、笆篱、圣公坛一带山地集结。第二天，部队经过碕石村，受到当地村民的热烈欢迎，并在这里过了一个热热闹闹的春节。朱德还在军民大会上讲话，进一步鼓舞士气：“我们要干，手里没有枪的，可以用梭镖，五支梭镖可抵一条枪，五支梭镖可以换一条枪。”他还勉励大家：“一切为着穷人翻身而战，一切为着世界大同而战。”

部队开进黄沙堡、笆篱、圣公坛一带山地后，一面发动群众，一面争取时间进行休整，待机歼敌。

当许克祥率部气势汹汹地扑到宜章时，工农革命军早已退入圣公坛一带的深山中隐蔽起来了。许克祥找不到朱德的部队，以为是被吓跑了，甚至还高兴地狂叫：“朱德被吓跑了！”更加骄傲与麻痹的许克祥将教导队和补充团留在坪石镇，亲率两个主力团进到岩泉圩一带，而把另外两个团在坪石、长岭、武阳司、栗源堡一线摆开，继续搜寻工农革命军。但他得到的报告却是“共军去向不明”，“朱德无影无踪”。

敌军的一举一动都迅速报到朱德这里。朱德判断，歼灭许克祥部的条件已经成熟。他和陈毅、王尔琢等连夜制订作战方案，决定兵分两路：一路由熟悉地形的胡少海带领，迂回敌后，阻击增援之敌，截断岩泉圩敌军的退路；另一路由朱德、陈毅率领精锐，直捣岩泉圩，消灭许克祥的两个主力团。

1 月 31 日，工农革命军向岩泉圩悄悄进发。这完全出乎许克祥意料之外。一个土豪赶到岩泉圩向他报告说，朱德的部队到了百岁亭，离这里不到五里地。许克祥大发雷霆：“你这是造谣惑众，扰乱军心！朱德早被吓跑了，一定是几个梭镖队在捣乱，怕什么？就是朱德来了，老子两颗炮弹就把他轰跑啦！”

早晨7点钟，冬天的太阳刚刚升起，岩泉圩上传来声声哨音，许克祥的部队正在开饭。工农革命军突然以迅雷不及掩耳之势冲进岩泉圩，前来助战的农军也在四面山上摇旗呐喊，燃放鞭炮。胡少海领着另一路兵马，又从侧后杀入，前后夹击。许克祥腹背受敌，无法招架，仓皇而逃。

岩泉圩一攻下，立刻传来朱德的命令：乘胜追击，不给许克祥有喘息的机会！工农革命军汇成一路，集中兵力，以最快的速度向坪石挺进。许克祥仓皇应战，部队乱作一团。工农革命军在朱德指挥下，一进入坪石，就猛打猛冲，穷追不舍。许克祥跑到武水渡头，顾不得体面，随便抓过一套便衣换上，划一条小船渡河而去。工农革命军追到乐昌河边，拾得许克祥军服一套。

除了没抓到许克祥是个遗憾外，朱德对这次战斗相当满意。许克祥部下官兵1000余人成了他的俘虏，三里长的坪石街道上到处摆满了缴获的步枪、机关枪、迫击炮、弹药等军事器材。其中步枪2000余支，迫击炮、过山炮30多门，马13匹，还有几十挑子银圆。先得范石生资助，又有许克祥“惠赠”，朱德的底气更足了。坪石大捷后，“许送枪”的“雅”号不胫而走。尝到了胜利果实后，朱德乐滋滋地说：“‘许送枪’帮助我们起了家。”

战士们打趣地说：“‘许送枪’给我们送来这么多武器弹药，我们还来不及打收条，他就溜了！”朱德幽默地说：“是啊，只好等到他下次送时一块补了。”说完和战士们痛快地哈哈大笑起来。

2月10日，朱德率领工农革命军第一师主力北上，向耒阳挺进。陈毅留守郴州，准备向东北侧击永兴。

攻打耒阳，进行得很顺利。2月16日凌晨，攻城部队隐蔽在北门外的树林里，化装后的农军闯过团丁的盘查，进入北门。几声枪响后，埋伏在城外的农军和工农革命军3000多人扑向耒阳北门。天亮前后，朱德带着工农革命军主力，向驻守在城南桌子坳的挨户团常备队发起猛烈攻击。开始时，他们还想顽抗，后来看到城里火光冲天，无心恋战，迅速溃散了。

二　同伍若兰在战火中的传奇姻缘

1928年2月17日，也就是耒阳被攻下的第二天。灿烂的朝阳仍像往日一样，把绚丽的阳光抹上耒阳城。耒阳群众大会召开，欢迎朱德领导的工农革命军第一师，街口响起了噼噼啪啪的鞭炮声。街上出现了三五成群的手持小红旗的妇女，领头的就是耒阳县女界联合会会长伍若兰。每一个街角，每一棵树旁，每一堵墙下，都有人在那里贴标语，旋即就有一群群人跑过来观看。此时此刻，“欢迎工农革命军”的呼喊声，如同江河中的波涛此起彼伏，耒阳的街巷成了欢乐的河流。

紧接着，一面鲜艳的红旗越飘越近，嘹亮的歌声也越飘越近：“一杆红旗，哗啦啦地飘。一心要把，革命闹。盒子枪、土枪，咔啦啦地响，打倒那劣绅和土豪！……”这正是工农革命军战士最爱唱的歌！

“革命军进城啦！”“革命军进城啦！”大伙儿望着身穿灰军装，臂缠红带、扎着绑腿的工农革命军，高举镰刀斧头的红旗，浩浩荡荡向耒阳城开过来。

这时，站在欢迎人群前列的伍若兰不由得睁大了眼睛，踮起脚尖观阵。她终于发现，领头的一位年纪约莫四十一二岁的军官，身穿打了不少补丁的灰色粗布军服，脚穿一双草鞋，背上背着一个斗笠和一个公文包。斗笠的细竹片，已被雨水浇得溜光。由于日夜行军打仗，生活环境非常艰苦，军官粗壮的身躯显得黑瘦了些，四方脸庞上，连鬓胡子毛扎扎的；一双炯炯有神的眼睛，闪烁着慈祥而又深邃的光芒，给人一种威武和亲切的感觉。伍若兰指着这位军官模样的中年人，直言问身旁的县委书记邓宗海：“他莫非就是那个名扬湘南边界地区的朱德吧？”“对，对。”邓宗海连声说，“他就是朱德，现在是工农革命军第一师师长。”

两天后，耒阳县第一次工农兵代表大会选举成立了耒阳县工农兵苏维埃政府，刘泰任主席，徐鹤、李树一任副主席。伍若兰万万没有料到，这天刚刚吃罢午饭，刘泰忽然进门，没有寒暄，劈头就说：“兰妹子，朱师长请你去。”“请我？”伍若兰有点不相信自己的耳朵，愣怔片刻以后，才和刘泰一起走进了朱德居住的祠堂里。

发现伍若兰进来，朱德向伍若兰微笑着点点头，表示欢迎。伍若兰坐下的时候，邓宗海向朱德介绍说：“她叫伍若兰，1903年出生于耒阳城郊九眼塘一个书香世家，毕业于衡阳湖南省立第三女子师范学校，1925年秋加入中国共产党，一直做青年运动和妇女运动的工作，曾任共青团耒阳县地方执行委员会宣传部长，现在是耒阳县女界联合会会长。她可是我们这一带有名的才女哩！”邓宗海还强调：“1927年5月‘马日事变’后，伍若兰同志被耒阳县政府当局悬赏通缉。但她坚持在当地斗争，化装为村妇，四乡联络同志。9 月，我被湖南省委派回耒阳，她协助我等重建了中共耒阳县委。今年 2 月 16 日，伍若兰与我等率领耒阳农军，配合你朱师长率领的工农革命军第一师攻克耒阳县城。她的贡献真是多多！”

“好啊！革命的才女！”朱德握着伍若兰的手，笑逐颜开：“听说祠堂门口的对联是你写的，我记得上联是‘驱逐县团丁’，下联是‘喜迎革命军’，横批是‘赤遍耒阳’，对吧？”

“对的。”伍若兰高兴地回答。“你写得不错嘛，”朱德诙谐地说，“笔力好，内容也好。不愧出自才女的手笔啰！”“我没写好，请师长多指教。”伍若兰嗫嚅道。“你是啥时候从衡阳女三师毕业的？”朱德问。伍若兰答：“去年夏天。”……

伍若兰没有想到，这一次造访终是一段传奇姻缘的开始。

2 月 23 日，朱德在灯光下，盘着腿儿坐在床上补鞋，伍若兰和小姐妹们眉眼儿带笑走进屋里，冲着朱德直嚷嚷：“朱师长好！”

“朱师长，你什么时候学会补鞋哟！”姑娘们叽叽喳喳地说个不停。朱德停下手中的针线活，抬头看到伍若兰和她的伙伴们站在面前，忙站起身，满脸笑容地指着旁边的一条长板凳说：“坐吧。”姑娘们推让着坐下后，朱德和蔼可亲地问：“嗬，你们兴师动众，有什么事呀？”

“我们是耒阳县女界联合会的代表，还没有登门拜访过朱师长，今天特来慰劳慰劳。”一个叫山菊的姑娘笑呵呵地回答。“嗬嗬，我有什么值得你们慰劳呀！”朱德笑了笑。这时，山菊姑娘补充说：“你率领工农革命军打了大胜仗，解放了我们耒阳城，还不该慰劳慰劳呀！”谈了一阵妇女联合会的活动之后，山菊姑娘的目光投向伍若兰，然后又把目光转向朱德，有点不好意思地说：“朱师长，我们伍大姐想单独和你谈谈，你看行吗？”坐在一旁沉思的伍若兰，连忙垂下了脑袋，而且产生了一种不自然的羞怯感，半晌才吐出一句话：“山菊呀，你不要乱说嘛！”

也许是逗趣儿，也许是出于善意好心，就在伍若兰羞涩地埋下头，脸蛋儿红得像熟透的柿子的瞬间，她的伙伴们便嬉笑着呼啦一下跑了。望着低头不语的伍若兰，朱德忍不住笑了：“若兰，你要单独和我谈谈，怎么又不开口啊？”

“我……”伍若兰说了一个字，嘴巴又合上了，好像在想什么心事；慢慢抬起头来，两片嘴唇颤动了一下，像有许多话要说，慢慢又没有了。

她要说什么呢？连她自己也说不清。朱德看到这一点，不再催促伍若兰，只因势利导地劝道："你的伙伴们喜欢开这样的玩笑，那就由她们去吧。你既然来了，就应该坐一会儿，摆摆龙门阵也好嘛！"

伍若兰想朱师长的话不错，他有摆龙门阵的嗜好，摆就摆吧。于是便打开话匣子，把女界联合会几天来的新鲜事儿全盘端了出来。说完以后，她那对水灵灵的眼睛时而望着朱德，时而紧紧盯着他手中那只打补丁的布鞋，黑黝黝的眸子里，不知闪动着什么念头。朱德望着伍若兰发呆的样子，不由得问道："若兰，你又在想些啥子呀！"

"我想，"伍若兰憋不住扑哧笑出了声："师长那只鞋好有一比呀！"

"比啥子？"朱德回眸一笑，语调惊奇而快乐。伍若兰戏谑道："好比呀，好比一条胖头鱼张开了嘴巴。"

"是吗？"朱德突然像孩子般纵情地笑，"说得好，很形象咧。"伍若兰也朗朗地笑起来，并欠起身子，伸出一只手抢过朱德手中的那只鞋，十分麻利地用手指量了量尺寸，然后把鞋子递了过去。随即，不顾朱德一脸诧异，不作声地跨出门槛，一溜烟似的跑了。

两天后的早晨，伍若兰拿出自己最喜爱的印花帕子，把刚刚做好的一双新布鞋包好后，风风火火地来到朱德住的屋里。"若兰，今天你又是来单独和我谈谈的吧？"朱德说。

"你真会说笑话，师长！"伍若兰不好意思了，声音像蚊子哼哼。朱德满脸真诚地说："为啥子声音这样小？你在我面前说话，怕啥子嘛。"伍若兰羞涩地避开朱德锐利的目光："谁怕呀！要怕，我就……"

"对，对。"朱德立即接上话茬，"你要怕我，就不会再来了。""嗯。"伍若兰不再紧张，不再拘束，她用双手慢慢地托起印花帕子包装的小包裹，然后给朱德递过去，爽快地说，"我这次来，一半是为女界联合会的事，我们打算开展几项活动，特来请示师长。这另一半嘛，当然是为了你。"打开小包裹，朱德半惊半喜："怎么，原来是给我送来一双新布鞋呀！"说着，他从鞋里摸出一张纸片，只见上面写着一首诗："莫以穿戴论英雄，为民甘愿受清贫。革命路长尘与土，有鞋才好赴征程。"

望着伍若兰，朱德心情激动，情不自禁地握住她的手说："若兰，你这双鞋做得好，诗也写得好啊！"一种温暖的感觉渗透了伍若兰的全身。

鞋与诗得到朱德的赞扬，伍若兰非常高兴，说话的声音也有点飘逸："人家专门为你做的、写的，不下点功夫怎么能行啊！"瞅着伍若兰那欣喜的样子，朱德心里充满了喜悦和感激。

但是，过了一会儿，朱德渐渐收敛起笑容，眉头也渐渐蹙紧了。他不由得把目光投向窗外，透过玻璃凭窗远眺，久久地、目不转睛地向远方望去。他没有望远处的庄稼和渠水，也没有望更远处的山峦和森林，他眺望着沐浴在朝阳中操练的战士们，情不自禁地像对自己又像对伍若兰说：“眼下北风劲吹，春寒料峭，可有半数以上的人还打着赤脚……”朱德的话，使伍若兰心里觉得很不安宁。她眺望窗外赤着脚跑步的战士们，顿时心里豁亮了：一双鞋，只能解决朱师长一个人的问题，可他手下还有1000多个官兵呀！

伍若兰那张沉静的脸上，忽然漾出微笑。她望着坐在对面的朱德，充满乐观和自信地说：“朱师长，我现在要来个毛遂自荐，衷心希望你能够批准。”“你要自荐啥子嘛？”朱德不解地问道。

“我要自荐当个编织厂厂长，把耒阳县女界联合会的姐妹们组织起来编草鞋，让同志们不再打赤脚行军、打仗，你看行吗？”“行啊！行啊！”朱德喜出望外，他没料到，聪明的伍若兰竟然和自己想到一块了。不用说，此时的朱德对伍若兰也更喜爱、更钦佩了。

品味着那一连串的“行啊，行啊”，伍若兰顿时感觉一股暖流流遍了全身，不由得一阵激动：“朱师长，你真好！”“你呀你，真是个精灵鬼咧。”朱德爽朗地笑道：“看来，我没有认错人呀！你这个黄毛丫头，可真有一股子豪爽劲儿！”

甭看伍若兰平时泼泼辣辣，风风火火，这时候面对朱德却腼腼腆腆、温温柔柔，完全是一个羞于见人的少女。她觉得自己被一种突然降临的、神秘的幸福笼罩着。是的，她感到幸福和激动，因为是他带领工农革命军解放了耒阳，是他同她“心有灵犀一点通”……

时间如流水，稍纵即逝，很快五天过去。这天早晨，天空没有云彩，太阳一步一步地爬上来，通红的火焰照耀着军营。这时，伍若兰领着十几个姐妹，肩上挑着一捆捆黄澄澄的草鞋，说说笑笑地跨进了师部大门。朱德、王尔琢等师部领导刚从操场上回来，还没来得及坐下，听说伍若兰她们到了，忙热情地同姑娘们一一握手。阳光下，朱德的脸膛显得通红，闪着光彩。他瞅瞅面前的一担担草鞋，旋即望着姑娘们，乐呵呵地说：“嗬！这下子你们真是帮了工农革命军的大忙，我这个当师长的要当面向你们致谢啰！”伍若兰嗔怪道：“朱师长，说致谢那就见外了，我们军民本是一家人哪！”

"说得对。"朱德不无幽默地说，"好一个口齿伶俐的辣妹子，连一个谢字都要给免了！那么，说说吧，若兰同志，你们怎么这样快就编织了如此多的草鞋！"

别看伍若兰毕业于衡阳女三师，喝过墨水，会写文章，平时说起话来一套一套的，可这会儿却坐在一旁，半晌不开口。她的伙伴伍德莲倒机灵，竟无拘无束地说开了："朱师长需要这些东西，又很急，我们怎敢耽搁呀。若兰大姐连夜开会给我们布置任务，还成立了临时纺织厂呢。姐妹们昼夜不停地编呀，织呀，硬是只用五天时间就编织好了1000双草鞋。"听罢伍德莲的这番话，朱德心里禁不住又增添了几分对伍若兰的好感，觉得这个身材颀长、眼睛明亮的姑娘活泼热情，泼辣能干，不仅是衡阳女三师出来的高才生，还是这一带难得的最早从事革命活动的女子之一。一时，朱德从心底里产生一种莫名的爱慕之情。

其实，伍若兰也是一样，她对朱德的敬仰由来已久。还在朱德率领工农革命军第一师进耒阳城之前，她就听说过这位在湘南一带颇有传奇色彩的领导人，不由得肃然起敬。后来在耒阳城，她几次与朱德的接触中，对朱德有极好的印象。要说爱慕，她对朱德确实是一见便钟情啊！但她内心十分矛盾，本想早些敞开自己的心扉，却又感到难以启齿。

不久，工农革命军需要一些熟悉当地情况的同志随军做宣传工作，任耒阳县女界联合会会长的伍若兰被调到工农革命军第一师政治部。如今朱德这位叱咤风云的人物竟成了自己的直接领导，她更是十分崇敬，并在内心充满了对朱德无法抑制的爱慕之情，朱德在工作中也发现伍若兰勇敢果断，明事理，有能力，共同的战斗生活渐渐地使两颗纯洁的心紧紧相连。

朱德当时孑然一身，战斗又如此频繁、残酷、紧张，善良纯洁的伍若兰觉得应该有个人来帮助照顾朱德的生活，使他有更多的精力投入战斗，便大胆与家人商量，冲破了传统观念的束缚，毅然决定和朱德结为夫妻。

第一次约会中，朱德向伍若兰讲了自己的经历，然后吐出了自己的肺腑之言："若兰，对于你，我从看到祠堂门前那副对联之时起，就产生了好感。你是一个很有才能的女子，又信仰马克思主义，和我志同道合，我愿意和你一起革命，一起生活，你也愿意吗？"伍若兰望着面前直爽而敦实的朱德，顾不上羞涩，很爽快地说："朱师长，只要你不嫌弃，我愿意同你一起生活，一起行军打仗，永远也不离开你。"

此时此刻，激动、兴奋的情绪搅在一起，在朱德的胸膛里翻腾着。他因为心情极好，故意打起趣来：“你有麻子，我有胡子，我们就‘麻麻胡胡’结婚吧！”伍若兰听出来这是几句笑话，不由得笑起来。

3 月的耒阳，春江水暖，草木葱翠，生机勃勃的山野洒满了阳光，干练自强、年方 25 岁的伍若兰在朋友的陪同下，来到朱德的驻地水东江的杜陵书院，举行了简朴而热闹的婚礼。

喜讯传开，部队中有个调皮的宣传队员编了一首歌谣：“麻子胡子成一对，麻麻胡胡一头睡。唯有英雄配英雄，各当各的总指挥。”这支歌谣，表达了工农革命军战士对伍若兰这位能文善武的女性的喜爱，亦表达了他们对她与自己敬爱的师长结为秦晋之好的由衷高兴。

三　两双扭转乾坤的巨手紧紧地握在一起

正当湘南革命运动方兴未艾之时，湘粤军阀根据南京国民党政府的命令纠集了七个师，从湖南衡阳和广东乐昌两个方向南北夹击，进逼湘南。此时，湘南的革命力量，正规部队只有朱德和陈毅率领的一个师，各县虽有农军数万，但都没有经过正规训练，而且武器装备几乎只有梭镖和大刀，枪支很少。

更不利的是：在湘南苏维埃区域内，这时出现了“左”倾盲动主义的错误。为了保存工农革命军，避免在不利的条件下同敌人决战，朱德当机立断，作出退出湘南、向井冈山转移、同毛泽东会合、实现武装割据的重要决策。

这时，湘南特委派代表周鲁到井冈山，贯彻执行临时中央政治局扩大会议决议和湖南省委的指示，指责以毛泽东为书记的前委“工作太右”“烧杀太少”，宣布中央给毛泽东以“开除中央临时政治局候补委员”和“撤销现任省委委员”的处分；取消前委，成立师委，以何挺颖为书记，毛泽东改任师长；并命令工农革命军离开井冈山，去支援湘南暴动。毛泽东下山后，没有径直去湘南，而是在湖南酃县（今炎陵县）中村待机，一面就地整训部队，一面发动群众；同时，派毛泽覃带着特务连去湘南同朱德联络。

到了 1928 年 3 月下旬，毛泽东得知朱德、陈毅率领的湘南起义部队遇到广东、湖南“协剿军”的夹击，在湘南难以立足时，便决定兵分两路，赶赴湘南，接应和掩护湘南部队撤退。毛泽东率工农革命军第一团向桂东、汝城前进；何长工、袁文才、王佐率领第二团从井冈山大井出发，向资兴、郴州方向前进。

在毛泽覃带领的特务连的接应下，朱德、王尔琢率领的工农革命军第一师主力和耒阳新成立的第四师等，经安仁、茶陵到达酃县的沔渡。

正在郴州的陈毅接到朱德关于向井冈山转移的通知后，立刻组织湘南各县的党政机关和湘南农军转移，在资兴与从井冈山下来的由何长工、袁文才、王佐率领的工农革命军第二团会合。不久，黄克诚带着永兴的800农军也赶到了资兴的彭公庙。

毛泽东知道湘南起义军正向湘赣边界转移的消息后，4月6日离开桂东沙田，向汝城进发，以牵制敌军，掩护湘南起义军转移，随即攻占汝城。4月中旬，毛泽东率领队伍到达资兴县的龙溪洞，同萧克领导的宜章独立营500多人会合。

4月中旬，陈毅带着工农革命军第一师主力一部和湘南农军第三师、第七师以及何长工、袁文才、王佐带领的第二团一起到达酃县的沔渡，和朱德率领的主力部队会合。何长工去见朱德，朱德非常关切地问他："毛泽东同志什么时候能到？"何长工说："两天左右可能会到宁冈。"

随后，何长工率第二团赶回宁冈，为朱德部队安排住处，准备粮食，欢迎两军会师。

4月24日前后，朱德、陈毅率领着湘南起义军主力工农革命军第一师和湘南农军一万余人，从沔渡经睦村到达井冈山下的宁冈砻市。不久，毛泽东在酃县一带完成了阻击敌人、掩护朱德率部上山的任务后，也回到了砻市。

砻市的老百姓听说朱将军来了，高兴地互相转告着。当时，天还没亮，大家就开始准备欢迎朱德和他率领的队伍。贴标语，腾房子，准备慰劳品。大家议论着，他们心目中的朱德一定骑着高大膘肥的栗色马，穿着军官的服装，威风凛凛……可队伍里始终没有出现这样一位军人。

人们寻找着，猜测着。原来朱德就在队伍中，只不过他不是大家所传说的那个样子，声名赫赫的朱将军却一副普通战士的装束：一身灰色军装，腰扎皮带，打着裹腿，戴着平顶帽，左肩右斜地挎着一支短枪。难怪大家找不到朱德呢，最后还是凭着他那一口四川话及特殊的和气风度，人们才认出了他是朱德，立刻欢呼声四起："欢迎朱将军！"

朱德与康克清等在井冈山

到砻市后，朱德把满脸的胡须刮得干干净净，换上了一套洗得发白的灰布军装，接着把绑腿打得结结实实……警卫员见了，笑着说："好久没见过你这样打扮了。"朱德兴奋地说："今天可不比平常，要见毛委员哩。"

毛泽东一到砻市，得知朱德、陈毅住在砻市的龙江书院，顾不上一路征尘，立即带领主要干部向龙江书院走去。朱德听说毛泽东来了，赶忙与陈毅、王尔琢等出门迎接。

远远地看见朱德，何长工便热心地向毛泽东介绍说："站在前面的那位，就是朱德同志，左边是陈毅同志，朱德同志身后的那位是王尔琢同志。"毛泽东会意地点点头，说："我前不久与朱德同志见过一面，很短暂的一面。"说完，毛泽东微笑着向他们招手。

毛泽东远远地打量着朱德，只见他肤色黝黑，饱经风霜，看起来比实际年龄老得多。朱德注视着毛泽东，只见他长发后梳，面庞清秀，身材高大，穿着军服，却不戴军帽，也没有扎皮带佩手枪。

毛泽东一行快走近书院时，朱德抢先几步迎上去，毛泽东也加快了脚步，早早把手伸出来。不一会儿，两双有力的大手、两双扭转乾坤的巨手紧紧地握在一起，使劲地摇着对方的手臂，动作传递出的信息是那么热烈，又是那么深情。旁边目睹这一历史时刻的不少人欢喜得流出了眼泪。

从此，“朱毛”的名字便紧紧地联系在了一起，朱毛在中国革命和建设中长达 48 年的友谊也由此开始。中国共产党的历史和中国人民解放军的历史，记载下了这次历史性会见，中国革命从此翻开了辉煌的一页。

随之，朱德把陈毅介绍给了毛泽东。陈毅这时只有 27 岁，身穿军装，谈吐豪爽。毛泽东连声说：“久仰，久仰。五四时期我常读《新蜀报》上你的文章，文笔潇洒豪放，今日一见，果然文如其人。”陈毅笑着说：“我的文章不行，你润之兄在《湘江评论》上写的《论民众的大联合》读起来才痛快呢。”

毛泽东和朱德走进书院大门，登上楼梯，一起走入二楼一间宽敞的作为会议室的大房间。毛泽东把带来的干部向朱德一一作了介绍，朱德也把所率部队主要干部向毛泽东作了介绍。朱德请大家在几张书桌拼成的会议桌前坐下，毛泽东坐在左边，朱德坐在右边，两人正好面对面，其他干部也分别落座。

很快，井冈山的干鲜果实和清香绿茶送了上来，毛泽东作为主人，也因为朱德年长，处处敬着朱德为先。

毛泽东带着称赞的口吻说：“这次湘粤两省的敌人，竟没有整倒你！”朱德半是认真半是谦虚地说：“我们转移得快，也全靠你们掩护。”

确实，总算把这支部队带出来了，这对朱德来说是个过程艰难但结局圆满的任务。在南昌那时，连他自己都没想到，会是他，把铁军最后的残部保留下来，把一支军队的命脉延续下来。

毛泽东兴奋地说：“我们可以编成一个军了。”朱德说：“是的，足够编一个军了。”

见面时的气氛非常热烈，毛泽东感慨：“这次两军会师，可谓开工农革命军之先例。当年刘、关、张桃园结义时，那才几个人？如今我们安营扎寨在井冈山可叫兵强马壮。”

言谈间，朱德只感到毛泽东洒脱磊落，智慧过人，而且朝气蓬勃，意气风发，不觉被毛泽东感染了，感觉自己顿时年轻了许多。

最后，毛泽东提议：“趁着‘五四’纪念日，兄弟部队和附近群众开个热闹的联欢大会，怎么样？两方面的负责同志和大家见见面。”朱德微笑着表示赞成。毛泽东用目光找到靠边的何长工，叮嘱道：“你负责大会的准备工作，要多动员些群众来参加。”

第二天，在龙江书院的文星阁召开了两支部队的连以上干部会议，讨论了工农革命军第四军成立与人事安排等一系列重大问题。

5 月 4 日，天刚亮，人们就从四面八方涌向砻市，参加会师大会。会场就设在龙江西岸的河滩上，人们用几十只木桶和门板搭起主席台，上面用竹竿和席子搭起一个凉棚。主席台的两边挂着许多彩旗和标语。战士们迈着整齐的步伐走进会场，宁冈、遂川、永新、酃县等地的农民群众，扛着梭镖，举着红旗和标语小旗，川流不息地走进会场，人头攒动，汇成了欢乐的海洋。

这一天，云淡风轻，阳光明媚，远近山坡上杜鹃花开得一片火红，龙江两岸的田野里，黄灿灿的油菜花散发出阵阵浓香。

上午 10 时左右，毛泽东、朱德、陈毅、王尔琢和根据地党政军各方面的代表登上主席台，陈毅宣布庆祝大会开始时，几十名司号员奏起军乐，鞭炮齐鸣。陈毅首先宣布了四军军委决定，两军会合后改编为中国工农革命军第四军，军长朱德，党代表毛泽东，参谋长王尔琢。

接着，朱德在一片热烈的掌声中走上台。自行伍起，朱德便养成了说话简练的习惯，他走到讲台前向大家行个军礼，高声喊道："我们党领导的两支革命武装的会合，意味着中国革命的新起点。参加这次胜利会师大会的同志，一定都很高兴。可是，敌人却在那里难过。那么，就让敌人难过去吧。我们不能照顾他们的情绪，我们将来还要彻底消灭他们呢！这次胜利会师，我们的力量大了，又有井冈山作为根据地，我们就可以不断地打击敌人，不断地发展革命。"最后，他希望两支部队会师后，加强团结，提高战斗力。并向群众保证：工农革命军一定保卫红色根据地，保卫群众的利益。他的话音刚落，就响起了热烈的掌声。

在这个难忘的日子里，毛泽东麾下的不少将士第一次目睹了朱德的风采。在此之前，许多人都知道朱德的大名。他的敌人把他看成是致命的威胁，他的同志把他看成是希望的明星……对工农革命军战士来讲，朱德无疑代表着争取革命胜利的希望和力量。

紧接着，毛泽东讲话，他着重分析了两军会师的历史意义和光明前途，还在会上宣布了红军的"三大任务"和"三大纪律六项注意"。

参谋长王尔琢在会上就搞好军民关系的问题讲了话。各方面的代表也相继讲话，大家都热烈祝贺两军胜利会师和红四军的成立。

会场上响起了山呼海啸般的欢呼声，士兵和老百姓跑上台去，抬起毛泽东、朱德、陈毅等军政首长，绕场欢呼一周，气氛至为热烈。

朱毛会师后，使井冈山根据地的军事力量一下子猛增了五倍以上，特别是朱德带上山的部队原有北伐劲旅叶挺独立团的基础，战斗力较强。他们荟萃井冈，如虎添翼。

井冈山地区的宁冈茅坪，有一座攀龙书院。为了光线好一些，书院的屋顶上用琉璃瓦镶成了一个八角形的图案，为此人们常称这书院为“八角楼”。井冈山时期，朱毛就曾同住在这栋两层楼的砖房，朱德夫妇住楼下，毛泽东住楼上，朱毛朝夕相处，成了亲密的邻居。

八角楼前，有一条清澈见底的小河，叫茅坪河。河的对面，是一片长得很茂盛的枫树林。毛泽东常在工作之余或饭后，到河边和树林里散步，思考问题。朱德常常和毛泽东在河边相遇，大家随意地说说笑笑，非常惬意。

6 月下旬，刚恢复不久的湖南省委派巡视员杜修经来到八角楼，找到毛泽东。他先作了自我介绍，然后撕开内衣上的一块补丁，取出一封指示信来。来信要求朱毛红军参加第二次湘南起义，向以郴州为中心的湘南发展，开辟新的区域，以解决部队的给养问题。

毛泽东看完信，脸色冷峻，明确表态：“我不同意省委意见。我们刚刚打开永新，需要巩固这块根据地，目前不宜分兵湘南。”杜修经也不让步：“这是省委的决定！”毛泽东看硬顶不是个办法，便委婉地说：“省委的决定也可以讨论，这样大的事情，我个人决定不了，还是开个会讨论吧！”

6 月 30 日下午，在永新县城商会楼，毛泽东主持召开湘赣边界特委、红四军军委、永新县委联席会议。毛泽东、朱德根据对时局的分析，认真权衡了各方面的利弊得失，认为当时敌人内部处于稳定时期，而湘南地区敌人的力量又过于强大，各方面条件对红军不利，在这种情况下，红军远离根据地，出征湘南，不论对边界工作，还是对红四军本身，都是不利的。经过讨论，会议顶住湖南省委的压力，仍决定坚持执行建设与巩固罗霄山脉政权的计划。

7 月上旬，湘赣两省国民党军调集了六个师的兵力，对井冈山革命根据地发起第一次“会剿”。为粉碎敌军“会剿”，红四军主力分兵两路，一路由毛泽东率第三十一团在永新牵制赣敌，一路由朱德、陈毅率第二十八团、二十九团去进攻湖南酃县、茶陵，调动湘敌回援，再寻机击破赣敌。朱德率两个团于 7 月 12 日攻克酃县，达到调动湘敌回防的目的。本拟按计划折回永新，但是，随军行动的中共湖南省委代表杜修经坚持执行省委要红四军去湘南的决定，由原宜章农军改编的第二十九团官兵也以省委指示为由闹着要回湘南。军部未能有力加以制止，又担心第二十九团回去孤军作战，乃决定第二十八团也同去湘南。

两个团冒着盛夏酷暑向湘南郴州开进。到了郴州附近，方知这里的驻军是范石生部队。朱德后来回忆说："我不想去袭击，有人批评我是讲个人交情，实际是他与红军确有交情。当时上面是盲动，下面农民意识那样浓厚，也是没法克服的。"结果，袭击郴州先胜后败，第二十九团几乎全军溃散，只剩下 100 多人编入第二十八团。朱德率第二十八团和毛泽东所率前来接应的部队会合后，决定重回井冈山。在返回途中，红四军参谋长兼第二十八团团长王尔琢为追击一个叛变的营长不幸牺牲。

"一哭尔琢，二哭尔琢，尔琢今已矣！留却重任谁承受？生为阶级，死为阶级，阶级后如何？得到胜利方始休！"这是毛泽东当时亲自撰写的一副挽联。在王尔琢牺牲的第二天，朱德在王尔琢墓前主持召开了追悼会，对英勇献身的战友表示深切的悼念之情。

9 月 8 日，毛泽东、朱德、陈毅率领红四军第二十八团和第三十一团第三营，回到井冈山南麓江西遂川境内的黄坳。9 月中旬，朱毛率部攻克遂川城，10 月初收复宁冈全县，11 月初又大败赣敌周浑元旅，逐渐恢复被湘、赣敌军在二次"会剿"时占领的根据地，重开了边界割据的新局面。

10 月 4 日，朱德出席了在茅坪召开的中共湘赣边界第二次代表大会，会议总结了井冈山斗争的经验，回答了中国红色政权为什么能够存在和发展的问题，决定了边界党和红军的任务和斗争策略，选举产生了包括毛泽东、朱德在内的 19 人特委会委员，谭震林为书记，陈正人为副书记。

不久，又依中央的指定，成立了以毛泽东为书记、朱德等五人为委员的前敌委员会，"前委"之下组织红四军军委，朱德为书记。

12 月 11 日，朱德正在写一份报告，忽然警卫员兴冲冲地跑进来，大声说："军长，彭德怀、滕代远两位同志率领部队上山来了。"

朱德一听，喜上眉梢，连忙迎了出去。彭德怀、滕代远率平江起义后组成的红五军的五个大队共 1000 余人，克服重重困难到达井冈山。一见面，彭德怀猛地一把拉起朱德的手，兴奋地说："我早就知道井冈山上有一支'朱毛红军'。朱军长，红四军在井冈山干得很漂亮嘛！"朱德乐了，说：

“你们来了，好呀，井冈山根据地的力量就更强大了，敌人再进行‘会剿’，也是枉费心机。”

从11月中旬开始，红四军集合在宁冈新城、古城一带，进行冬季训练。这时，由于湘赣两省敌军的严密封锁，井冈山根据地同国民党统治区之间几乎断绝了一切贸易往来。根据地内军民生活十分困难，所需要的食盐、棉花、布匹、药材以至粮食奇缺。因为根据地内的土豪几乎已被打尽，筹款也有许多困难。红军官兵除粮食外“每天每人五分大洋的伙食钱”都难以为继。一日三餐离不开红米饭、南瓜汤，有时还吃野菜。严冬已到，战士们依然光着脚，穿着单衣。“红米饭，南瓜汤，秋茄子，味好香，餐餐吃得净打光。”“干稻草来软又黄，金丝被儿盖身上，不怕北风和大雪，暖暖和和入梦乡。”当时，在红军中传唱的这两首歌谣，正是这种艰苦生活的生动写照。

彭德怀和滕代远率部上山后，军粮供应更是成了问题。为了解决眼前的吃饭问题和储备一定的粮食，红四军司令部发起下山运粮运动。当时生活条件很困难，缺乏运输工具，只能人背肩挑。每天天刚蒙蒙亮，山上红军、农民自动编成运粮队，挑着大箩小筐，背着竹篓，拿着布袋、麻袋跟着朱军长抢运军粮。

从井冈山到宁冈的茅坪，每天上下100多里路，山高路险，朱德毫不在乎。他打着绑腿，穿着草鞋，戴着斗笠挑着两大箩稻谷，迈着稳健、欢快的步伐走在运粮队前面。眼见不惑之年的军长同自己一起挑粮上山，战士们于心不忍，心想军长整夜整夜地计划作战的大事，白天还要参加劳动，于是便劝他不要挑。可是朱德却风趣地说：“吃饭有我的份，挑粮也有我的份！光吃饭不挑粮，那不成剥削阶级了吗？”

怎么办呢？红军战士朱俊才想了一条“妙计”。有一天，队伍又要到茅坪去挑粮。天没亮，大家都起床了。吃过饭，有的挑着箩筐，有的背着麻包，有的提着布袋，浩浩荡荡地出发了。朱德也准备动身，便去拿放在墙角里的扁担。奇怪？扁担突然失踪了，怎么也找不到。

扁担哪去了呢？原来通信员朱俊才为了让朱军长在家里多休息一会儿，故意把扁担藏起来了。谁知朱俊才与战友刚走上黄洋界，只见朱德又挑着箩筐，满头大汗地赶上来了。等大家坐下来休息时，朱俊才才发现朱德又新削了一根扁担，而且在扁担的正中，写上了“朱德扁担，不能乱拿”八个大字。

朱俊才15岁时就参加了红军，因个子矮，被分配到朱德率领的部队军部当通信员。谈起朱德，朱俊才老人在后来的回忆中深情地说："那时，朱总司令常常晚上和毛主席研究敌情，白天和战士们下山挑粮。我是他的通信员，担心他累坏身体。就和战友劝阻他，但谁也劝不住。后来，我干脆把朱总司令用的扁担藏了起来。可他仍不罢休，找到军需处长范树德，让他花一个铜板买了一根毛竹，为自己做了一根扁担，还特地写上了'朱德扁担，不能乱拿'八个字。""事后，我主动找朱总司令，承认了藏扁担这件事，他语重心长地说：'你姓朱，我也姓朱，咱们是一家嘛！我跟大家一样要吃饭穿衣，为什么你们能干我不能干呢？'"后来，朱俊才老人经常用当年水乳交融的干群关系教育年轻人，他说："干部的形象影响着党的形象、威信和凝聚力，干群一致、官兵一致是革命的传家宝，千万不能丢呀！"

从此，朱德的扁担再没有人"偷"了，他与士兵同甘共苦的精神和以身作则的模范行动深深地教育了大家。不久，有位红军战士还编了首歌谣："朱德挑粮上坳，粮食绝对可靠，大家齐心合力，粉碎敌人'会剿'。"每当挑粮爬山累了时，红军战士就用这首歌谣互相鼓励。

一天，朱德走到半山腰看见一位老汉挑着一担粮食，箩里堆得高高的，因此老汉有些吃力，于是他对挑粮老汉说："大伯，您挑得太多了，匀一点给我吧。"老汉说："你的担子也不轻呀！"说什么也不肯匀谷。朱德脱下灰色军装，解下绑带，从老汉箩里匀出些稻谷捆成一个包裹，放在自己的箩上面，说："大伯，放心吧！我常挑担子，脚板硬，腰板直，肩膀宽。"说完和老汉打了声招呼，挑着粮担起身要走。正当朱德起肩时，老汉突然看到扁担上的"朱德扁担，不能乱拿"八个字，又惊又喜，转过头指着朱德背影问一个走过来的战士说："他是朱军长？"战士点点头。老汉心中不安起来，想："军长的担子比谁都重，累坏了军长还了得，他还得领着我们闹革命呢！……"想到这里，老人马上挑担追了上去，喊道："朱军长，请等等！"朱德没有停下脚步，回头说："大伯，不要紧，您老人家放稳脚步走吧！"老汉又焦急又感动，泪水汗水一起流下来，他擦了擦泪水抬头望去，朱德已登上海拔千多米高的桐木岭了……

"一根扁担四尺长喽，年年用它来送粮。往年送粮泪涟涟呵，家中没有隔夜粮。今年不同往常年喽，人人喜送翻身粮，朱军长带来好光景，支援红军打胜仗。"一天，运粮的战士们忽然听到山冈下传来这么一阵充满喜悦的歌声。留神一听，这歌声是在颂扬朱德和红军呢。

领头唱歌的是麻上村的邱祖德。这一年，朱德领导他们村打土豪分田地，老乡们精耕细作，获得了好收成。为了支援红军打敌人，报答朱德的恩情，邱祖德把最好的稻谷用来送军粮。他挑着沉甸甸的担子，翻过山冈，越过小溪，不知不觉走到朱德面前。

“老俵，去送粮吧！快放下，休息一会儿。”邱祖德回头一看，见是朱德，就顺从地歇了下来。他和朱德已是老相识了。

“今年打了多少粮食？交了军粮还够吃吗？”朱德问。“够了，够了！红军来了，地也变了，今年我们收了3000多斤稻谷，交上1500斤，我还剩1500来斤呢，够吃了。”老邱显得有些激动。

朱德仔细算了算，觉得邱祖德一家孩子多，只要交1000斤军粮就够了。于是又和蔼地问：“真个够吃了？”邱祖德笑了：“不够吃，我们还有南瓜和红薯呢！”

朱德被老乡淳朴的言语打动了，显得激动起来，说：“红军是为穷苦百姓的，你们把粮食给了红军，自己吃南瓜红薯，这怎么行呢？”当朱德了解到根据地许多老乡都超额交了军粮时，他特地对地方干部说：“一定要劝说老乡，不要超额交军粮，要留够自己的口粮！”

在井冈山革命博物馆，笔者曾见到过朱德的这根扁担。深褐色的扁担笔直地立在橱窗里，透过玻璃，清晰地看到扁担上的“朱德扁担，不能乱拿”八个字。其实，朱德就像一根笔直的扁担，具有山岩般坚强、刚毅的性格，他一生热爱人民，憎恨敌人，胜不骄，败不馁，对革命事业无限忠诚。

四　亦悲亦喜的真情军长

1929年1月14日，毛泽东、朱德率领红四军军部直属部队和第二十八团、三十一团3600多人，从井冈山的茨坪和小行洲出发，向赣南出击，正式拉开了创建中央革命根据地的战幕。

一场罕见的大雪，给赣南的群山披上了银装，也给部队的行军造成了很大的困难。雪水的融化，使道路变得泥泞不堪。战士们浑身上下湿成一片，他们当中许多人只穿着单薄的衣服，有的人连草鞋都没有，打着赤脚行军。很多人的脚冻裂了口子，痛得钻心，但还是坚持行军。

红军沿着罗霄山脉的左侧偏江西的一面打出去，每天行军五六十里，每每经过村镇、县城就张贴《红四军司令部布告》，走一路点燃一路火种，很快打破了几条封锁线，一直向南走，沿着上饶，在占领崇义城之后，又于 1 月 22 日攻克了大余县城。这时，新任国民党军“会剿”军总指挥何键弄清红四军主力的动向，立刻从“会剿”红军的五路人马中，抽调第一路李文彬部和第五路刘建绪部共四个旅，前往大汾、左安等地堵击，并尾追红军南下，使初下赣南、对这里人生地不熟的红四军主力遇到巨大困难。

大余县比较富庶，街道整齐，铺子很多，前委决定在这里筹粮筹款。第二天傍晚，赣军两个旅尾追到此。因刚到大余一天，群众还没有组织起来，红军耳目不灵，不知道敌人已经迫近，于是仓促应战。

毛泽东和陈毅组织部队突围，朱德率特务营掩护撤退。脱险以后，朱德和毛泽东在距大余 40 里地的杨眉收集整理部队，才发现第二十八团团长何挺颖、独立营营长张威等 200 余人都在激战中英勇牺牲。红二十八团有 1900 多人，战斗力最强，是红四军中有名的“钢铁团”。

为了尽快甩掉敌人，毛泽东和朱德决定连夜出发，仍由朱德率特务营殿后。指战员们不顾激战后的疲劳，立即上路，赶了二三十里地后才在一个山沟里宿营。为了不暴露目标，部队没有生火做饭，大家饿着肚子等到天明。

第二天拂晓，部队又以急行军的速度出发，一口气跑了 90 里，傍晚来到广东南雄县（南雄市）境的乌迳。部队没敢进村，就在野地里做饭吃。

毛泽东没有见到朱德，连忙问：“朱军长还没有来吗？”“没有。”“怎么回事？”“不知道。”毛泽东有点急了：“会不会出事？”没有人回答。

“毛委员，要不要派人去迎一迎朱军长？”语音刚落，一群战士围了上来，“我们去！我们去迎！”毛泽东没有答应。他让大家安静下来，再稍等一会儿。

茫茫夜色中终于传来一阵阵嚓嚓嚓的脚步声，声音越来越大。“是朱军长，是朱军长回来了！”有人欢快地喊道。毛泽东急步上前，紧紧地握住朱德的双手：“你可回来了！大家都在为你着急，再不回来，我就要带着部队找你去了。”朱德笑呵呵地安慰着大家：“不会有事，不会有事。”

部队刚吃完饭，就在村外的田坝上露营了。不料，敌军紧追不舍。朱德刚刚照料部队休息，就接到当地党组织派人送来的报告："大股敌军已到达离这里只有几里路的村庄。"朱德立即命令部队迅速转移，出发时连军号都没吹。当敌人发起进攻时，已不见红军的踪影。

离开乌迳后，红军先到南雄的界址，再折入江西信丰县境，每日平均急行军 90 里以上，"沿途经过山岭皆冰雪不化，困苦加甚"，来到安运。

2 月 1 日夜晚，红四军进入赣粤闽边界的寻乌县境，在项山的圳下村宿营。第二天早晨，追兵两个旅四个团把圳下村团团围住，发起猛烈进攻。

第二十八团团长林彪放弃担任后卫的责任，拉起部队就走，使毛泽东、朱德和军直机关陷于非常危险的境地。在这危急时刻，朱德带领独立营担任后卫，吸引敌人，掩护毛泽东带领军部机关乘晨雾突出重围。朱德手提机枪，领着众人左冲右突，拼命战斗，且战且退，跑出十几里地。

伍若兰在突围中身负重伤后落入敌人魔掌。敌人马上把活捉伍若兰的消息电告蒋介石，蒋介石立即回电："软硬兼施，为我所用。"于是，敌人对她施以严刑逼供，妄图得到重要机密。敌人威胁说："你不怕死吗？"她昂然答道："共产党人从来不怕死，为人民解放斗争而死最光荣！"敌人又诱她同朱德脱离关系，伍若兰斩钉截铁地说："如果要我同朱德脱离，只怕是日头从西边出，赣江水倒流！"敌人想尽办法，但一切都无济于事，赣州敌首如实地电告蒋介石："软硬兼施，伍难为我所用。"蒋介石遂回电："斩首示众！"

这年 2 月 12 日，年仅 26 岁的伍若兰被绑赴赣州卫府里刑场，被无计可施的敌人处决。行刑后，敌人又灭绝人性地将她的头割下，吊在一个架子上面，用大字写上"'共匪'首领朱德妻子伍若兰"，沿江示众。最后，还将她的头颅送到长沙，悬挂在城门上示众以恐吓革命群众。

当晚，朱德得悉噩耗，辗转反侧，彻夜难眠，两人相处的一幕幕情景浮现在脑海……

3 月 11 日深夜，红四军进入福建长汀县境内。为了便于开展游击战争，前委对红四军进行了整编，将原来的团改为纵队。全军编为三个纵队：原第二十八团大部为第一纵队，司令员林彪，党代表陈毅；原军部直属的特务营和独立营加上原二十八团的一部分合编为第二纵队，司令员胡少海，党代表谭震林；原第三十一团改为第三纵队，司令员伍中豪，党代表蔡协民。军长是朱德、党代表是毛泽东。

一个傍晚，太阳已经落山，正在升起的暮霭渐渐笼罩了长汀城。朱德像往常一样走出住所，到近处散步。微风吹来，送上缕缕凉意，他伸手扣上颈下的扣子。这时，走来一位红军女战士，她就是曾志。

曾志看到朱德在踱步沉思，猜测他可能还在为失去妻子伍若兰而难过，心里不由得同情起来，走上前说："朱军长，你在散步呀？"

曾志是伍若兰在湖南第三女师低两级的校友，而今是红四军的民运股长，所以同朱德很熟悉。听到有人打招呼，朱德转过脸，一看是曾志，便问："你到哪里去？"曾志答："刚吃过饭，随便走走。"

"今天宣传怎么样？"朱德想转移自己的思绪，赶忙换了个话题。曾志似乎也意识到了这点，回答道："群众的情绪很高，不少青年人都要求参加红军哩！"

"好呀！"一说到青年人参军，朱德的语调顿时变得兴奋起来，"我们是人民的军队，只要替群众办了好事，他们是会拥护和支持的。"曾志凝思了一会儿，说："朱军长，到我们那里去坐一会儿吧？"这个邀请出乎朱德的意料之外，他猛地一愣，很快又镇静下来，点了点头："好吧，到你们那里去看看。"

曾志和一些女战士住在一起，是一间装饰很好但并不宽敞的房子。当朱德在曾志的引领下走进房间时，女战士们都站了起来，欢迎自己尊敬的朱军长。朱德忙说："都坐吧，各人照干各人的事情，是曾志让我来坐坐的。"

女兵们都坐在各人的床边，显得有些拘谨。"怎么都不讲话了？"朱德扫视一遍后，说："刚才进门时还听到你们这里蛮热闹的嘛，我一来都变成了哑巴！"

"你是军长，她们有点怕你。"曾志说。朱德扬了扬浓眉，说："敌人怕我，你们怕我干什么？还不是两个眼睛一张嘴巴。"幽默的话语，逗得女战士们哧哧地笑起来。其中，一个女战士笑着说："朱军长，你真有意思。"

朱德边听边用目光扫了一下坐在中间的这个身体健壮的女战士。她没有绰约动人的风姿，但她那黑里透红的脸蛋闪烁着青春的光彩，特别是那双在长睫毛覆盖下带着泼辣神情的大眼睛，像黑宝石，闪闪发光，如清澈的泉水，晶莹透明。朱德不禁问："你是哪里人？"这位女战士说："江西万安县罗塘湾。"朱德接着问："叫什么名字啊？"曾志抢答："康桂秀。"朱德又问："今年多大了？"这位女战士害羞地答："17 岁。"

朱德这才知道，坐在他面前的这个叫康桂秀的女兵，原来是个地地道道的红小鬼，便问她怕不怕流血牺牲，康桂秀用地道的江西万安口音斩钉截铁地回答："报告军长，怕死就不出来当红军了！"朱德夸奖道："好，回答得很好嘛。"

接着，女战士们同朱德谈开了，无拘无束。过了一会儿，曾志犹豫了一下，谨慎地说："朱军长，若兰大姐牺牲了，再给您介绍个女战士吧？"

一提到伍若兰，朱德的心头猛地一紧，仿佛在他未愈的伤口上又撒了一把盐，痛得发抖。但他知道这是曾志对自己的关心，随口说一声："好嘛。"

曾志先是看到朱德沉默，以为自己的话刺痛了他，有点儿内疚，接着听到朱德没有反对，就用目光悄悄地扫了一遍在座的女战士们，在康桂秀的身上停留的时间最长。

生于江西万安县罗塘湾塘下村的康桂秀，是一个贫苦的渔民的女儿，因打鱼生活漂泊不定，在她出生才 40 天时，父亲康定辉就把她送给大禾场村罗奇圭家做望郎媳（即童养媳）。在当地，先找个媳妇，以便这望郎媳能望来个儿子，是千百年来传下的风俗。然而，这个望郎媳没有给罗家望来"郎"。后来，养父养母逼迫她出嫁。那时，康桂秀已经见过一些世面，懂得一些道理。她对养父母果断地说："我的婚事不要你们操心，我自己的事我自己做主！"不久，康桂秀远走高飞当了红军。这件事，在她的家乡传为佳话，广为流传。1926 年，康桂秀参加共产主义青年团（后来转党），并在妇女协会工作；1927 年参加万安暴动，1928 年参加红军上了井冈山。

凭着少女的敏感，康桂秀发觉了曾志的目光，脸上有些发烧，心跳也加快了。她站起身来，悄悄地走出了房间。除了曾志，其他人并没有发现康桂秀的异常表现。

朱德不愿在这些女战士面前谈论这个问题，又与大家寒暄了几句，就回到了他的住所。

一天晚饭后，康桂秀刚回到住处坐下，曾志就走了进来，坐到了她身边，还亲切地拉着她的手，仔细地打量着她。康桂秀被看得怪不好意思的，她暗自寻思：这位曾大姐，过去总是说说笑笑的，今天这是怎么了？

"有事吗？曾大姐。"康桂秀小声地问。曾志没有回答，依旧打量着她，过了一会儿才问："桂秀，你看朱军长这人怎么样？"康桂秀不假思索地回答："军长，人很好的。他带领部队打仗，英勇善战，不怕牺牲，对士兵还特别和蔼可亲的。"

"我是说，我是说……"曾志仍打量着康桂秀，"你个人对朱军长的印象如何？"康桂秀说："军长就是军长，个人可不能随便瞎议论。"曾志说：

“不，不。我们红军讲究官兵一致，民主平等，对谁都可以讲讲的。你只管说，没什么关系。”

康桂秀说：“他这样的军长可真少见。我们家乡的那些挨户团团长，一出门就地动山摇，前后的保镖、随从一大帮子人，可够威风的。而我们的朱军长，虽是个那么大的官，能打仗，又留过洋，有学问，可一点官架子都没有，每次见着我们这些小兵都有说有笑的。”曾志问：“如果要你同他结婚，你愿意吗？”康桂秀马上惊住了，变得很严肃：“你又在瞎凑合，前几天我没有怪你用异样的眼光看着我，今天你怎么又……”

曾志亲切、温和地说：“你放心，朱军长是个好人。这几个月你也看到了，他对若兰大姐多好，感情多深呀。若兰大姐牺牲后，朱军长精神上很痛苦的。你和他结婚后，可以从生活上帮助他，给他很大的安慰。”

康桂秀起先是低着头，摆弄着自己的衣角，过了好久才说：“可我不像伍大姐。人家伍大姐能打仗，又有文化，字写得那么漂亮，还能讲那么多的道理。我……”

“你也可以学，可以进步呀。”曾志最后说：“当然，这事还得你自己拿主意，我现在有些事先出去一下，你再认真考虑考虑我的意见吧。”

曾志走后，康桂秀的心里怎么也平静不下来，当晚，她翻来覆去睡不着。

结婚，对一个女孩子来说，是重要的终身大事。康桂秀随红军上井冈山前，养父养母曾逼迫她出嫁，她曾说过：“我自己的事我自己做主！”如今，自己的终身大事真要她自己做主了。可这个“主”怎么做呀？

不错，朱军长是个好军长。可好军长与好丈夫是两码事。自己与他的差距实在太大了——论年龄，我还不满 17 岁，他已是 43 岁的中年人；论水平，我思想幼稚，理论、文化知识都很差，现在也才粗通文字，他早已是个成熟的军事家；论地位，他是军长，我不过是个红军小战士。这样大的差距……

康桂秀几乎一夜没有睡着，但第二天早晨起来吃过饭，她照样去做宣传群众、组织群众的工作。

尽管康桂秀拒绝了曾志的建议，但是，当朱德亲自找她进行了一次深入的交谈之后，她被朱德的经历深深地打动了，也被朱德的人品所吸引。朱德说：“虽说我们彼此有些差距，但如果能走在一起，我会好好帮助你，你也可以给我许多帮助。我们会成为很好的革命伴侣，你能答应我吗？”

康桂秀被朱德十分真诚、恳切的话所感动。她抬起头，只见朱军长正两眼紧紧盯着自己，样子是那样赤诚，那样憨厚，那样朴实，她的心开始动了，红着脸，低头坐着。

朱德像讲故事一样平静地叙说着自己的经历，康桂秀静静地倾听着。康桂秀的心底渐渐涌上了一股暖流，但她毕竟还是个少女，少女的矜持使她不愿说什么。

朱德说：“看来你是不好意思回答。能不能这样，只要你不表示反对，不摇头，就表示同意，可以吗？”康桂秀一动也不动，没有任何表示。

“那么，我再问一遍，你能答应同我结婚吗？”朱德问后，康桂秀仍然一动也不动，没有任何表示。朱德的脸上露出了喜色：“那么，你答应了。”康桂秀脸颊绯红，终于微微地点了点头。

就是这微微的一个点头，决定了她一生的命运；就是这微微的一个点头，开始了她与朱德长达近半个世纪的相随相伴的情缘。

翌日晚饭后，斜阳的余晖把天地衬托得无比绚丽。就在这个美好的时刻，曾志喜气洋洋地进屋，挨着康桂秀坐下，悄声说：“我们走吧！”康桂秀慢慢地站起来，抬起眼睛看看屋子里的姐妹们，别有一番滋味在心头。几个月来，她们生活在一起，有说有笑，多么亲密无间啊！今晚，她就要离开姐妹们了，去和朱军长一起生活了。一想到这些，她的心里很不好受，两颗热泪不由滚落下来。

“你搬走了，我们会常去看你的，你也可以常到我们这里来嘛！”不知是谁这样说道。康桂秀下意识地点了点头，跟在曾志的后面出了屋，几个女兵拎着康桂秀的东西，跟在后面，护送新娘到新郎家。

朱德住在长汀县城的“辛耕别墅”。说是别墅，其实比普通房屋也好不到哪里去。不一会儿，曾志领着康桂秀走进了一间12平方米的卧室，让她在一张大床边坐了下来。

刚刚开完会的朱德听说新娘到了，忙三步并两步地走了进来；跟着，毛泽东、陈毅、谭震林和其他几位亲密战友拥进新房祝贺。毛泽东一进门，就风趣地说：“打了胜仗又结婚，你们今天真是双喜临门哪！”陈毅用他那特有的大嗓门和浓重的四川口音大声说：“朱军长今天容光焕发，我陈毅当然要借光呷酒喽。新娘子，你说要得要不得？你要晓得，是我把你带进红军队伍里来的，你同朱军长结婚，我陈毅是第一大功臣哟！你要不要多敬杯酒？”

毛泽东指着陈毅笑着说：“你陈毅就是喜欢耍，你看人家江西妹子都害羞了呢。”这时，机关的年轻干部和战士们高兴地笑着、跳着，嚷嚷着喊：“军长请客！军长请客！”站在人群中的朱德嘿嘿地笑着，连声说：“我请客！我请客！”

于是，朱德用他那仅有的、这次打下长汀后同每一个战士一样分得的五块银洋，又向警卫战士借了几块银洋，叫人买了几个罐头、几斤酒。朱德兴高采烈地说：“这点东西，就是我和康桂秀同志结婚的宴席，虽然寒酸了点，可我们现在只有这个条件嘛，等取得了胜利，我们再请同志们，怎么样啊？”听军长这么说，气氛更为热闹了，人们异口同声地直嚷嚷：“行啊！行啊！军长说了话要算数。”

夜深了，贺喜的人们渐渐散去。这时，朱德窗口的那盏油灯还在亮着，而且亮了很久很久。他们兴致勃勃地谈笑着，谈过去、现在和将来，谈信仰、贡献和幸福。他们谈得最多的是信仰，尽管从年龄上说，朱德可以做康桂秀的长辈，然而，共同的信仰、事业和理想，把两颗心紧紧连在了一起。

这一天，朱德同样是辗转反侧，彻夜难眠，他想得很多很多……

就在婚后不久的一个晚上，朱德坐在油灯下，亲切而认真地对康桂秀说：“桂秀，当前战事少些，看来有点时间，让我毛遂自荐当先生教你识字吧。你很年轻，今后有更多的工作需要你去做，没有文化怎么能行呢！”几句话儿，把康桂秀噎住了，她不由得暗想，是呀，一个红军战士，连斗大的字都识不了几个，往后如何挑更重的担子！可她又一想，自己是一个从山沟里出来的女孩，能够握住笔杆子吗？她犹豫起来：学，还是不学？这时，朱德好像摸透了她的心思似的，忙鼓励她说：“一个革命战士，既要习武，也要习文。山沟里的女孩子能扛枪打仗，也一定能握笔写文章。你是踩着困难走过来的人，只要勤学苦练，我看没有学不会的东西，你说是不是呀？”

“是的。是这样的。”康桂秀连声说，“小时候，我家里穷，想读书识字苦于没有钱，没有法子跨进学堂的门槛。如今有了你这个家庭教师，我一定要好好学点文化，以便今后更多更好地为党工作，这是我一生最大的愿望。”

从这个晚上开始，只要能挤出时间，朱德和康桂秀便聚在一起，两人并肩而坐。油灯下，朱德一手拿着识字课本，另一只手指点着生字；康桂秀全神贯注地盯着课本，一字一字地念，一字一字地写。在朱德的辅导和影响下，倔强的康桂秀把学习文化看作同打仗一样重要的事情，非要打赢不可，因而进步很快……

当年，攻克吉安的第二天，吉安周围成千上万的工农群众手举红旗，兴高采烈地涌进城内。城内的工人和贫苦群众也纷纷走向街头，欢迎红军入城。这时，身为红一方面军总部特务团三连指导员的康桂秀为自己改了一个名字。其实，早在参加红军之初，她就一直觉得“桂秀”这个名字太女孩子气。如今，当了连指导员并领导着一个连的男兵，仍然叫这个名字，更觉得不合适。在吉安遇到当年万安游击队的负责人、带领她投奔井冈山参加红军的刘光万，就对他讲了自己的想法。

刘光万一听，说：“好！这名字改一改好！”他想了一会儿就说：“那你就改名叫康克勤吧。勤俭的勤，意思就是要克勤克俭，既勤劳又节俭。”康桂秀想了想，说：“这个名字不错，好听，只是勤字笔画多，写起来费事。我又觉得一个人光勤快还不够，还应当对自己要求更高一点。这样吧，把勤字改做清字，写起来比较省事，而且表示我在清清白白地做人，沿着一条清清楚楚的正确道路前进。你看怎样？”刘光万连连点头：“太好了。那你改名叫康克清吧！”

当晚，她与朱德讲起改名的事，朱德表示同意，而且笑着说：“好嘛，这名字的改动，说明你思想上又成熟一些了嘛。”

第二天，她就按照规定的手续，把改名字一事向组织上打了一个报告，组织上同意了。从此，她就不再叫康桂秀。正是康克清这个名字，伴随着她行进在漫长的革命道路上，伴随她一直走到人生的终点……

后来，康克清回忆说：“我同朱老总在结婚前，没有谈情说爱。我们相互间的真正了解、相互体贴和爱情是在结婚以后发展起来的。他在思想、政治、理论、文化和工作上给了我多方面的帮助，我以后的许多进步，都同他的帮助和熏陶分不开。我能给予他的却很有限，多半也只是生活上的照料和帮助。在结婚的当天晚上，我对他说：‘我有自己的工作，还要抓紧时间学习，希望你在生活上不要指望我很多。’他不但支持我，还说：‘干革命就不能当官太太，当官太太的人就不能革命。我有警卫员照顾，许多事我自己都能干，生活上的事不用你操心，你只管努力工作、学习吧！’”

《朱德自传——附：朱夫人康克清女士传》，1946 年大地出版社出版

20 世纪 60 年代，朱德与康克清合影

20 世纪 60 年代，朱德夫妇到农村了解情况

五 走在长征路上

1931年元旦刚过后的一天，康克清走在回家的路上，精神特别振奋，脚步轻盈，嘴里还哼着一支自己即兴编的无名小曲。原来，这一天，她在总部副官处长杨立三的介绍下加入了中国共产党。

回到住处时，正好朱德也在。他看到妻子满脸喜色，就问："克清呀，今天你这样高兴，有嘛子喜事？"康克清有意不说："你猜猜！"朱德摇了摇头。

"告诉你吧，我入党了！"朱德一听，也高兴得跳了起来："真的吗？值得庆贺！"说完，在桌旁坐下来，看着康克清高兴的样子，心头漾起隐隐的羡慕之情。心想，比起我来，她要幸运得多——为了参加中国共产党，我经过多少曲折和艰难啊！这时，当年拜会孙中山、婉拒杨森、拜访陈独秀、留学欧洲、敲开周恩来房门的一幕幕往事，都涌入了脑海。

朱德在寻找共产党的路上所经过的波折，当时的康克清并不清楚，但她看到丈夫深思的面孔，猜测他一定想到了什么事情，先是静静地看着，过了好长时间，才问道："你在想些什么呢？"这句话使朱德猛醒过来："哦！没想什么。"

"入党后，我应该怎样做呢？"康克清问。朱德伸出粗大的手，摸了摸剪得很短的头发，说："一句话，凡是对党有利的，就要不怕牺牲自己。也就是，做任何事情，都不能使党受损失。"康克清听着这简短而又沉甸甸的话，看着面前这位朴实的人，心想，他自己不就是这样做的吗？

一天，康克清看到桌子上放着最新出版的《战斗》第三期，便轻轻地拿了起来。只见上面刊发的文章《怎样创造铁的红军》下赫然署着朱德的名字，于是，认真读了起来。遗憾的是，文章前一部分在前一期上就开始发表了，这第三期上登载的是后一部分。康克清不满足，在桌子上寻找，很快找到第二期。随后，康克清从头到尾地读起来。

文章开头就写道："创建铁的红军是目前党的最迫切最重要的任务之一。铁的红军必须具备以下六个基本条件。"康克清先看了六个条件：第一，确定红军的阶级性；第二，无条件地在共产党领导之下；第三，政治训练的重要；第四，军事技术的提高；第五，自觉地遵守铁的纪律；第六，要有集中的指挥和统一的训练。

看过几个条件后，康克清又挨着往下读。尽管文中的道理她还不能完全理解，甚至还有个别的字不认识，但康克清读懂了这篇文章。她是从自己的亲身经历和体会中理解红军是工农的队伍，是劳苦群众的队伍，以及党的领导、训练、纪律和集中指挥等道理的。从字里行间，她看到了井冈山的斗争，赣南的战斗，闽西的枪声和第一次、第二次反“围剿”的胜利。这篇文章是对过去的总结，也是以后反“围剿”的指针吧？康克清这样想。

正在这时，朱德回来了，看到康克清在聚精会神地看《战斗》，轻轻地走到她身边，站了一会儿说：“你在看什么呀？”康克清没发觉朱德进屋，听到问话，猛地一惊：“你什么时候回的，吓我一跳。我在读你写的文章呢！写得很好，要是按这样做，红军一定能建设得更好。”

“是吗？”朱德微笑着问。康克清反问：“你是怎么想到要写这篇文章的呢？”朱德陷入了沉思，好半天才说：“我们已经打破了反动派两次大规模的‘围剿’，马上又要开始第三次，靠的就是铁的红军，所以要把红军建设好。”

7 月中下旬，朱毛红军从建宁出发，绕道千里。盛夏时节，酷暑难当，朱德脚穿草鞋，流着热汗，和战士们一起行军。他的马像往常一样又让给伤病员了。朱德一边走，一边给大家讲“脚板底下出胜利”的道理，战士们听得津津有味，行军也不是那么费劲了。

1934 年 10 月，由于“左”倾冒险主义的错误领导，以及敌强我弱，中央革命根据地（中央苏区）第五次反“围剿”战斗遭到失败，红军第一方面军（中央红军）主力开始长征。

一想到红军和苏区人民经过千辛万苦、千难万险创造出的中央革命根据地将要不得不放弃，一想到将要告别这片被烈士鲜血染红、被战火烧焦的红土地，朱德的心情十分沉重，对“左”倾教条主义者在军事上的瞎指挥表示愤懑……

过了几天，中央终于下达了“准备出击”的命令。虽没有明说突围，康克清心里清楚，该摆脱坐以待毙的局面了。她对朱德说：“是不是他们开始接受教训了？”朱德苦笑了一下，说：“博古还是博古，李德还是李德，我看不出他们有什么变化。”

朱德在屋子里踱步，走到康克清身边低声说：“这一次，他们总算让毛泽东同志一起走啦。只要有毛泽东同志，我们总会有希望的，朱毛不分家嘛！”

“听说反动派到处在悬赏捉拿你？”康克清问。朱德提高声调说：“毛泽东同志虽然暂时离开了红军，敌人依然把我们两个人看作红军和共产党的最高领导，他们悬赏捉拿我们，悬赏的价格好像一再提高，从5000元提到5万元，又提到10万元，现在好像又提到了每人25万元了。这样很好嘛！我在国民党银行的存款已经有25万元了。”

康克清问起陈毅的事，朱德摇摇头：“已经决定他与项英留下，他们率领红军16000人继续在苏区坚持斗争。无法改变了。”

过了一会儿，朱德对康克清说：“部队将作大的战略转移，你的准备做好了吧？”康克清心里不是滋味，只知要转移，至于转移到哪里也不清楚，什么时候能回来更是不知道，于是问：“转移到哪里去？”朱德考虑了一会儿，还是没有说。

对于这个问题，人们已经议论纷纷。有人猜测将去湖南，有人猜测要去江西的另一个地区，有人认为可能去贵州，也有人认为可能去云南或四川……人们认为康克清和总司令生活在一起肯定会知道的，就拐弯抹角地向她打听，她只能苦笑着摇摇头。她确确实实是无可奉告啊！

10月10日晚，蜿蜒的山路上，一条见首不见尾的火龙缓缓向西游动。朱德身着一套褪了色的灰军装，脚踏草鞋，走在司令部队伍的最前面。出发前，组织上给少数中央领导人配备了担架、马匹和文件挑子，朱德虽然年已48岁了，但为节省出几名强壮士兵去充实作战部队，他既不要担架，也不要文件挑子，只要了两匹马，一匹供骑乘用，一匹驮行李、文件。

康克清看到朱德年龄不小了还同红小鬼一样跋山涉水有些心痛：“一晃你是奔五十的人了，组织上派给你的担架不要，两匹马除一匹驮文件，那匹也最终留给我收容伤员，这样长途行军……”朱德听后，说：“放心，这双脚板儿越走越精神。徐老、董老、谢老他们怎么样？”

康克清说：“都好，谁也不甘落后，还争着照顾伤病员呢。”朱德笑了：“革命之大幸啊！”远处，响起了急促的枪声，火龙顿时消隐在苍茫的夜色之中。

自从进驻遵义城之后，康克清就接受了筹粮、筹款和扩大红军的任务。接下来几天，她每天早早起来，到群众中去，宣传中国共产党和红军的政策，没收官僚资本家的财产，动员青壮年参加红军。晚上回来后，往往浑身疲劳，腰酸腿痛。同时，她还在协助政治局为一次即将举行的重要会议做筹备工作，要求特务连一定要保证会议的安全，做好为会议服务的各项工作。

1935年1月15日，具有划时代重大历史意义的中共中央政治局扩大会议在遵义老城红军总司令部驻地“柏公馆”楼上召开。会议中，朱德手指李德声色俱厉：“你们瞎指挥，弄得丢了根据地，牺牲了多少人命，我们还能再跟着你们的错误领导走下去吗？”朱德的话如黄钟大吕，在会场上引起极大反响。

陈云、刘少奇等在发言中，明确表示支持毛泽东，拥护批判李德、博古的“左”倾军事路线。中共中央秘书长邓小平奋笔疾书，真实记录了会议的发言，并为会议所取得的成果而高兴。

一月的遵义，冷风冷雨，天气很恶劣。深夜，康克清尽管很累，还是生了一盆炭火，静静等待朱德的回来。炭火不是很旺，难以驱除严寒的包围，她站起身来走了几步，想跺跺脚，但抬起一只脚时却又很快轻轻地放下。她怕弄出声音，打破这夜的宁静，影响正在进行的会议。

不知到了什么时候，杂沓的脚步声下楼而去，一个熟悉的脚步声朝卧室走来。散会了，他回来了！康克清一阵高兴，急忙去开门。

打开房门，走进来的果然是朱德。他虽然面带倦容，但却透出笑意，可见他是高兴的。他进门就说：“你怎么还没休息呀？”康克清见朱德一脸喜色，便问了句：“看你好高兴的，会开完了？”

“是的，开完了，很成功！”说着，朱德手拉着康克清坐在炭火旁，捡起一块木炭放进火盆里，顿时响起了一阵轻微的噼啪声。随之，火焰变大变旺。

朱德伸出双手烘烤一下，两眼盯住燃烧的火焰，含笑的眼睛出神。他在想些什么呢？是过去的经验教训，是红军面临的处境，还是会议的本身？不得而知。或许，26 年后，朱德在回顾遵义会议这一伟大的历史转折时写下的诗句：“群龙得首自腾翔，路线精通走一行；左右偏差能纠正，天空无限任飞扬。”——这发自心头的诗句就可能是这个夜晚开始构思的吧？

看到丈夫高兴，康克清的心里也无形充满了喜悦。朱德拿起火钳，拨了拨盆中的木炭，火光更亮了。他放下火钳，轻轻拍了拍手上的灰尘说：“毛泽东同志最终复出了，被推选为中央政治局常委，他又可以参与指挥军队了。”

“太好了！”康克清的声音提高了，随之又压低问：“那李德和博古呢？”朱德说：“会议取消了‘三人团’，决定以洛甫同志代替博古同志负总的责任。事实早就证明，他们两个指挥不了——要不是他们用死打硬拼的打法，第五次反‘围剿’还不会损失那么大呢！”

“当初为什么让毛泽东同志离开部队呢？”康克清一直对此不理解，于是向朱德发问。朱德沉思了一会儿，说：“这件事情很复杂，我也说不清，更不能给你说。”康克清见朱德不愿说，也就不勉强问这些，转而说：“今后该不会有什么问题了吧？”

“也难说。”朱德说，“现在仍然很困难，后有追兵，前有堵截，我们还得准备吃苦呀！”康克清点点头，若有所思。

火盆中的木炭在燃烧，红彤彤的光焰照射着这对革命夫妻，把他们促膝交谈的形象剪影在墙壁上……

在遵义会议上，红军最高权力的转换极富戏剧性地完成了。这时，蒋介石命令以重兵封锁长江，阻击红军。他没有想到，红军四渡赤水、南渡乌江、北渡金沙江、强渡大渡河、飞夺泸定桥，用兵如神，先后摆脱几十万国民党军队的围追堵截，让蒋介石使朱毛红军成为“石达开第二”的妄想破灭。

中央红军中的女性不多，她们没有多少机会直接参战，但还是学习了刺杀、射击等本领。康克清在红军中就有“女司令”的威名。

1935 年春的土城之战打得很惨烈，就连作为火种保留的军委干部团也投入了战斗，伤亡 100 多人。女战士们也被卷入战斗。当时天正下着雨，道路泥泞不堪，在地势狭窄的山坡上，身为司令部直属队指导员的康克清掩护部队撤退。子弹呼啸着从她的头上掠过，康克清拼命射击，最后子弹打光了，险些被俘，连自己的背包都被敌人夺了去。

一天，张国焘的亲信在部队放出口风，说：“康克清不仅是朱德的老婆，更是朱德的情报员。她同朱德在一起起不了好作用，应当趁早将他们两人分开……”接着就采取了组织手段，免去了康克清指导员的职务，调她到他们控制的四方面军妇女运动委员会去，还派了一名女同志去“陪伴”她。康克清当然知道这“陪伴”不过是实际上的监视而已。

康克清拿着调令，非常气愤地找到朱德说：“我就是不去，看他们能把我怎么样！”朱德看着康克清，久久没有说话。他明明知道，这纸调令是冲着自己来的，但他不愿意把这层意思挑明，怕惹出康克清更大的火气，从而惹出更大的麻烦。他走到康克清身边，拍着她的肩膀，把她按在椅子上，又给她倒了一杯水，才缓缓地说：“你还是去吧，这也是组织决定，要服从。四方面军的妇女运动也很重要，那里的工作也需要人去干。”

康克清说：“张国焘的目的就是想封锁你、限制你，怕我给你通风报信，他明明是故意想把我和你分开。”朱德说：“我何尝不知道呢？但我们要以大局为重，要把多数人都团结起来……”

康克清说：“底下好多人都说——朱老总太忠厚，太老实了，忠厚老实得竟受人欺负！”朱德凝重地、憨厚地一笑说：“人总是要老实一点好，不能闹个人意气。”康克清说：“我受不了！干脆，你带我北上找中央去吧，别留在这里了。”

朱德凝视着康克清，久久才说：“别人不了解我，你我结婚这么多年了，你还不了解我吗？我朱德从来不争名、不争权、不争地位、不争待遇，只求为党为人民做点事情。我留在这里，许多人包括四方面军的人，也包括一方面军的人，都可能对我说三道四，但我朱德问心无愧。这支八万多人的部队是党的，是党的宝贵财富。既然党把我派到这里来，我就要对这支部队负责，绝不会把它丢下而自己一走了之。”

康克清听着朱德语重心长的言语，不再说什么了。朱德又说：“我们千万不能单独出走，我们一出走，正好授人以柄，让他们找到借口，把分裂的罪名加到我们头上。克清，这些你想过吗？”

1937 年，康克清在延安

康克清默不作声了，半天才说：“四方面军那里离这里有些远。我走后，你千万要保重身体呀。”朱德说：“你放心去吧，我这里有警卫员照顾着哩。再说，四方面军也属左路军，都在我的领导下。另外，张国焘不让我干事，我每天看文件、看书，有时还下棋、打打球，

朱德在长征到达陕北后留影

蛮清闲自在的呢。”

他们分别了。四方面军的同志大多数人对康克清很热情。她很快就熟悉了情况，开始了工作。就连那个派来监视她的萧超英通过与她的接触，也发现康克清是个好人，两人的关系也慢慢好了起来。这时，康克清开始向更多的人宣传北上方针的正确，认识张国焘的错误……

长征路上，康克清三过草地，历尽艰辛。

六　沸沸扬扬的“遇难噩耗”让人揪心

1938 年 2 月 28 日，在大后方武汉，一条令人震惊的消息把大后方的军民惊呆了。报童们背着报袋在中山大道、在江汉关边跑边喊：“第十八集团军总司令朱德为国捐躯！”“民族英雄朱德以身殉国！”“原红军总司令朱德战死在华北抗日前线！”

各种报纸的号外在武汉满天飞扬，各式传闻不胫而走。新闻界闹得沸沸扬扬，老百姓纷纷为国家痛失英才而感到悲伤。这时，八路军驻地的办公处不时地接到电话，询问朱总司令的情况。《新华日报》社也向延安发去电报，探询“朱德将军有无危险？”在延安的党中央、毛主席也给八路军总部发来急电，询问情况，特别问到朱德所在位置，要求立即回电。

康克清听到有关消息后非常着急。她知道，2 月 20 日，朱德和左权率领八路军总部带两部电台离开洪洞县的马牧村，去了太行前线。随行的除 10 多名总部工作人员外，只有警卫通信营的两个连，约 200 人。没想到才过几天，就听到“噩耗”传来。这时，又传来日本侵略军司令部通过华语广播电台说：“八路军总部所在地古县镇在飞机的猛烈轰炸下已成一片废墟，‘共匪’在华北的总司令朱德和他的司令部已化为乌有，不复存在！……”

康克清听到这里，更似五雷轰顶！怎么！丈夫真的遇难了！不！不可能！与朱老总结婚10年了，这是患难与共、相濡以沫的10年，如今国难当头，国家、民族正需要你的时候，你怎么能离去呢？怎么能舍我而去呢？

一时间，乌云满天，风雪漫舞。到底华北抗日前线发生了什么事情，让人这样揪心？！

原来，这时山西的局势发生了急剧的变化。侵占了太原的日军在完成对部队的整理、补充后，看到中国军队在积极活动，蒋介石还打算反攻太原，便抢先发动攻势，从北面、东面分两路向晋南大举进攻。

2月21日，朱德到达安泽县县城所在的岳阳镇。他根据变化了的新情况，立刻作出相应部署：命令离日军较近的友军第三军曾万钟部和第四十七军李家钰部赶到屯留附近阻击日军；命令一二九师主力迅速从正大铁路一带南下；总部暂驻安泽。

战场局势的变化很快。22日，日军占领屯留、长子，向八路军总部所在的安泽逼近。晚上，毛泽东从延安来电，告诉他们有一部分日军已到晋西黄河边上的离石县（今离石区）军渡一带，请朱德判断这路日军的主要目的是什么。23日凌晨，东路日军的先头部队苫米地旅团已进入良马镇，良马地处屯留和安泽两县的交界处。朱德判断东路、北路敌军的直接目的，都是攻占临汾。因此，他复电毛泽东说，北路日军的一部分进到离石县军渡一带，可能是佯动，用来引诱八路军西渡黄河，回师陕北。当天深夜，毛泽东即致电朱德，对日军意图作了类似的估计。他判断日军这次行动的目的，在夺取临汾、潼关，然后进攻西安、武汉。要求朱德和阎、卫两部“在好的情形下，力图在临汾以北、以东两地区歼灭敌人，顿挫敌之进攻”。

那时，朱德身边只有约200名警卫通信战士。他所在的岳阳镇在临屯公路北面，周围都是山地，要把总部转移到安全地带很容易。但是，这路日军来得太突然，临汾军民还没有思想准备。如果听任日军长驱直入，迅速攻占临汾，将对局势造成十分不利的影响。考虑到这些，朱德不但没有向山地转移，反而毅然率领他身边数量很少的警卫通信部队开到临屯公路上的古县镇（今旧县镇）进行阻击。

24日，总部警卫通信部队在古县以东的府城镇（今安泽县县城）附近同日军先头部队接触。友军曾万钟、李家钰两部没有依令及时赶到。朱德只得派左权率领少数部队前往阻击。下午两三点钟，朱德向毛泽东等通报了情况，说明“手中无兵，阻敌不易”；“总部现在古县，拟于明日向南转移”。但到傍晚六七点钟时，曾万钟部已接近屯留，朱德命令他迅速截断屯留、良马之间的大道；李家钰部一个团也已向府城急进，准备同曾军夹击日军。另外，阎锡山表示准备抽一个团，卫立煌也准备抽一个师，星夜来援，情况有所缓和。为此，朱德致电彭德怀及八路军各部并报毛泽东等人，表示：准备以手中现有的两个连尽量迟滞敌军，“以待上列各部赶到而消灭此敌。总部明日仍在古县指挥”。

25日，战场局势更加严重，友军却没有能阻止日军西进。毛泽东连连致电朱德，提出御敌对策。对北路日军，除令林彪率陈光旅配合卫立煌部作战外，还提出巩固河防的部署。但他最担心的仍是东路日军，指出：“进入府城之敌欲用间进急趋手段袭占临汾”，要求朱德设法抽调有力兵团“于临汾府城间，正面迎击顿挫该敌，否则临汾不守，有牵动大局之虞”。下午3时，毛泽东电告朱德：“必须使用全力歼灭府城西进之敌。但请预告阎、卫，即使该敌冲入临汾亦决不可动摇整个战局。该敌甚少，可用一部包围之，其余全军应决心在敌后打。”

这时，东路日军探知在正面阻击他们前进的竟是威名赫赫的八路军总司令朱德和他的少数警卫通信部队。于是，日本侵略军的指挥官就摊开作战地图，在山西省的南部寻找古县的位置。

自以为是“中国通”的几个侵略军头目，凭着他们认识的几个汉字，趴在地图上，拿着放大镜东找西寻，终于在屯留县西北方向找到了一个“故县”，如获至宝。他们认为这就是地面陆军要求轰炸的目标，立即命令出动十几架轰炸机。转眼之间，一个好端端的和平村镇变成了一片焦土，成百上千的无辜百姓惨遭狂轰监炸。故县在流血，故县在流泪，故县变成一片火海。

鬼子的空军为了报功领赏，谎报战绩说：“目标已全部消灭，再未见一个八路！”其实，他们压根儿就没有见到八路军的影子，是他们自作聪明，把安泽的古县和屯留以北的故县弄混了，结果故县被炸而古县平安无事。于是，他们迫不及待地在占领区的报纸上刊登了耸人听闻的消息：日本皇军摧毁八路军总部，朱德在空袭中丧生。大后方的新闻媒体不明就里，不辨真伪地争相转载。

下午4时，毛泽东来电询问："总部驻地之古县在何处？是否府城西之旧县镇。"这几天外界完全失去了朱德的消息。

当天晚上7时，敌军攻占古县镇，朱德率总部退出镇外，转移到临屯公路以南的刘垣村。这时，朱德仍在险境中，却从容不迫地指挥着阻击敌人的战斗。

日军从府城沿临屯公路到临汾，中间不过百余里路程。朱德以少量兵力迟滞敌军一个旅团达三天之久，为临汾军民的安全转移赢得了宝贵的时间。接着，朱德又指挥部队向东北方向转进，打破了日军将中国军队逼到黄河边上加以歼灭的企图。

后来，当康克清见到"完好无损"的朱德时，心中的一块石头终于落了地，她一头扎进朱德的怀里。朱德听后，哈哈大笑："我朱德有避弹神功，炸弹离我远着呢！"康克清弄清事件的原委后，也开心地笑了。

1946年4月19日，朱德在延安各界追悼"四八"殉难烈士大会上讲话

1967 年 1 月 11 日，朱德在中央政治局扩大会议上说：“现在‘文化大革命’运动搞到破坏生产的程度，忘记了‘抓革命，促生产’，这是新出现的问题，要注意解决。”“我们制止武斗这么久了，可是有些人还在武斗，甚至还有砸烂机器、烧毁房屋的，这里面有反革命分子在捣乱，要注意。”这自然使朱德更被林彪、江青等视为眼中钉。

1 月中旬，在江青的指使下，“中央文革”小组成员、当时担任中央办公厅负责人的戚本禹在钓鱼台（“中央文革”办公地点）约集中央办公厅的造反派，鼓动他们在中南海里对刘少奇、邓小平、陶铸、朱德等人进行批斗。于是，这些造反派先后冲进刘少奇等人的家中对他们进行围攻和批斗，也包围了朱德的家。

为此，中南海这片令大多数中国人仰慕和神往的地方也响起了一阵阵“打倒”“炮轰”的口号。傍晚时分，康克清乘坐的轿车驶进中南海，忽然看见楼前围了许多人，心头“突”的一下，眼前闪出一个大问号。原来，造反派在这里捣乱。于是，康克清开始接受较“文明”的批斗。

康克清见到“炮轰朱德”“朱德是黑司令”之类的标语和大字报铺天盖地。“不！这不是真的！”康克清在心里大声呼喊着。毕竟，她太了解朱德了，太了解自己的丈夫了。

朱德见那些大字报贴满了墙壁，内容五花八门，语气恶毒凶狠，一言不发。康克清搀扶着，说：“老总，不要看了，夜里太冷。”朱德终于大声说了句：“冷什么，再冷，比得过大雪山？！”

康克清说：“有什么好看的，纯粹是造谣！”朱德冷笑：“所有大字报，毕竟还有一点是真的。”康克清不解，朱德补充一句：“只有两个字是真的——”身边的秘书一愣：“哪两个字？”朱德用手中的拐杖敲打地面，大声说：“——那就是‘朱德’两个字是真的，其他内容不知是从什么地方造出来的。”

康克清和秘书相视无言。朱德边掉头而去，边说：“心怀叵测！不看了！没必要看啦！”

有一次，康克清被妇联的造反派揪出去批斗，要她承认是“走资派”，还逼康克清交代朱德反党、反毛主席的“罪行”。康克清理直气壮地说：“我不是‘走资派’，我和老总都没有反党、反毛主席。”

于是，康克清被关在一间屋子里写检查。之后，被 10 多人推推搡搡地戴上一顶纸糊的、写有“走资派”三个大字的高帽子，站在一辆大卡车上游街。卡车在北京市区的街道上绕了一圈，那 10 多个押运的人沿途高呼“打倒康克清！”当卡车路过中南海西门时，口号声喊得更响。

回到家里，康克清已经很疲倦了。她望了一眼背靠在沙发上的朱德，自言自语：“这倒好，你堂堂一位开国元帅、全国人大常委会委员长成了‘黑司令’，我一个穷苦的‘望郎媳’出身的老革命也成了‘走资派’。”

“你想想看，如果大家都成了‘走资派’，还有什么‘走资派’呢？”朱德望了一眼相伴多年的老战友、好伴侣，坦然地说：“历史是公正的。主席和恩来最了解我，有他们在，我担心什么？”同时，他还劝慰康克清：“你不要怕他们批斗，要每天到机关去，群众是通情达理的，和群众在一起，他们就不会天天斗你了。”

造反派要揪斗朱德的消息传到周恩来那里。周恩来征求毛泽东的意见后，在开会的前一天要秘书通知戚本禹，必须立即取消“批判朱德大会”。由于周恩来的干预，批斗大会没有开成。

1969 年 10 月，林彪发布“一号通令”，朱德被疏散到广东从化。这个决定宣布后，朱德需要康克清跟他一起走，便于随时照料自己。再说，他也不放心康克清一个人留在北京。可是，当时康克清的一切行动都得听从全国妇联军代表的指挥，没有他们的允许，她是不能随意行动的。康克清向朱德讲了自己的难处。朱德无奈地说：“那只好打电话给恩来，让恩来去跟他们说了。”朱德的这个要求得到周恩来的支持，在周恩来的干预交涉下，康克清总算和朱德一起到了广东从化。

“九一三事件”的发生，对毛泽东不能不说是一个重大打击。他在陷入痛苦与失望的同时，也吸取了某些教训，开始起用一些被林彪迫害的老干部。但是，他并没有从根本上认识到他所发动的“文化大革命”的错误，仍然让江青等人把持着党和国家的重要权力。正因为如此，江青一伙滥用毛泽东的威望和信任，发号施令，继续他们篡党夺权、祸国殃民的罪恶行径。

1976 年 7 月 6 日下午 3 时 1 分，朱德那颗跳动了近 90 年的心脏永远停止了跳动。

朱德病逝后，康克清让孩子和秘书尹庆民，警卫员李廷良、徐宏、刘炳文以及护士盛菊花等给朱德换衣服。可是在家里找来找去，竟没有找到一件像样点儿的。直到最后实在找不着了，家人这才想起来他根本就没有新衣服。

遵照朱德生前的意愿，康克清把他历年积存的 20306.16 元银行存款交给党组织，作为他最后一次向党交的党费。

对于自己的选择，康克清曾坦率地说："我的婚恋观就是无产阶级的婚恋观，只要革命坚决，品德高尚，对党的贡献大，真的志同道合，我就不计年龄，不媚权势。""几十年后回顾，可算是俗话说的'美满姻缘'了。"

陕北“小江南”的前世今生

“花篮的花儿香，听我来唱一唱，唱（呀）一唱；来到了南泥湾，南泥湾好地方，好（呀）地方……”红色歌曲中的南泥湾，今天已成为红色旅游的一个诱人的景点。络绎不绝的游客中，有重返旧地的老者，有寻访父辈踪迹的子孙，有海外远游人，也有年轻的自驾游白领族和崇尚野外独旅的背包客。他们用脚步亲近这里的泥土，深深呼吸着这里的自然空气和红色记忆的气息。

垦荒南泥湾，是一个悲壮又令人产生革命浪漫情怀从而振奋的故事。如今，南泥湾是延安精神的发源地，并成为中国农垦事业的发祥地。红歌《南泥湾》，成为抗日战争时期我军开展大生产运动的见证，唱不尽的是红色情怀，歌不尽的是红色精神！然而，少有人知的是朱德在发现南泥湾中的特别细节。

《南泥湾》词作者贺敬之接受采访（余玮　摄）

20 世纪 40 年代初，进驻南泥湾的八路军战士正在开垦荒山

一　摸清“家底”以定解困方向

太平洋战争爆发前后，由于日军的封锁和灾荒，由于国民党军对陕甘宁边区进行重兵包围和封锁，由于“皖南事变”后国民党政府中止了对八路军一切正常的配给等原因，中国共产党领导的抗日根据地遇到了抗战以来最为严重的经济困难。各抗日根据地出现了粮食、医药、棉布、子弹、食盐以及其他日常用品奇缺的状况。在陕甘宁边区这个中共中央所在地和经济落后的敌后抗日根据地总后方，一度到了几乎没有衣穿、没有油吃、没有纸用、没有菜吃、没有鞋袜穿、冬天没有被盖的严重地步。

为解放各根据地面临的十分严重的经济困难，中共中央早在 1939 年 2 月 2 日在延安召开了生产动员大会，毛泽东在会上发出了“自己动手”的号召。尽管大家都在行动，不少人在住地周围的山坡、路旁、河滩等空地开荒种菜，还有的养鸡、养鸭、养兔，但由于规模小、经营分散，效益并不很大。

1940 年 5 月，朱德从华北抗日前线返回延安后，在协助毛泽东指挥各敌后抗日根据地的军事斗争期间，感触十分深的一点就是这时的延安城与三年前相比，人多了，机关多了，东西却少了。昔日红火热闹的延安市场如今虽然还天天有集，但赶集的人减少了许多，卖瓜果、蔬菜、肉蛋、蒸馍的少了，倒多了一些卖破旧家什、农具、牲畜的人。赶集人的脸色黝黑之中带着些许忧郁。朱德心想，如不采取重大措施，不足以扭转局面。

采取什么措施才能搞活边区经济呢？朱德苦苦思考也没有得到满意的答案。于是，他邀请正在延安的中共南方局常委董必武、延安自然科学院院长徐特立和主持边区财政经济工作的几个负责人一起到各地调研工、农、商各业的情况，以便从中找到答案。

他们逐个视察了中央在延安和各县政府在各地办的小工厂、商店、供销合作社及运输队，调查了各县的自然资源状况，不多久就摸清了边区的“家底”。犹如指挥作战一样，朱德很快就确定了正确的主攻方向。他发现，发展边区经济建设最基本的困难有两个：一个是没钱，缺少大量的流动资金；另一个是缺人，技术人员和熟练工人还远不足以应付工作开展的需要。

新中国成立后，朱德与徐特立等在一起的合影

朱德早年留学时学过西方经济，也学过苏联经济，很快他就找到了边区的两大优势资源，即盐与羊毛，并以此为突破口来解决资金问题。

当时，陕甘宁边区境内有五个盐池，产量很大，仅定边县的盐池就有几万亩，不仅蕴藏量大，而且容易熬制，盐质也相当好。朱德清楚，华北由于日本帝国主义的封锁和控制，食盐奇缺，许多老百姓不得不到盐碱地里收集泛起的碱霜，回去熬制又苦又涩的硝盐。他还听从河南回来的同志讲，当地两丈土布才能换到一斤盐。只要把边区的盐运到山西、河南、河北和西南各省，一定能换回大批急需的物资。一个搞活边区经济、扭转边区财政困难的大盘子在朱德心中形成了："现在，自力更生是目前全党全军之极重大任务。我的意见先从盐下手，定边盐池为陕北经济策源地。派军队全体动员，首先从盐井来冲锋，冲破这些困难。"

兴奋之中，朱德给陕甘宁边区政府写了一封长信，信中提了六点意见："一、开足5000亩以上晒盐田，今年不必再多；二、修好通庆阳大车路及他路大车路；三、设置转运站、饭店、骡马店，统制出口商店；四、购足骡马；五、购足运输工具，大车、小车；六、开煤炭厂熬盐，运水运炭，在适当地点熬盐或引盐水到有炭地方去。”很快，盐的年产量达到 60 多万驮，约合 1000 万斤，边区盐业的发展拉动了经济的发展。

当时，全边区有羊 200 万只以上，单绵羊产的羊毛每年就有 250 万斤以上。而边区不宜植棉，棉花较少。于是，朱德想到了利用边区羊毛资源丰富这一优势，提出“发羊财”，充分利用羊毛纺成毛线、织成呢子，不但可以自用，还可以出口。一时间，边区的羊产业红红火火发展起来。

在解决技术力量方面，朱德强调也要双管齐下，一方面“欢迎边区以外的熟练工人，到边区来工作”，另一方面在边区内自己培养技术人员和熟练工人。他要求：“边区的熟练工人要安心工作，不断提高自己的技术，更要耐心教育，教会工人学徒的真本事。我们的工人学徒，则要认真努力学习，要每人都下决心，在最短期间内培养自己成为熟练工人。”“这里的工厂同时又是学校，他们（指边区工人）在工作和学习中，能够锻炼和培养自己，在政治上和技术上不断进步，成为将来工作的干部和领导者，成为技师、工程师和各种专家。”

朱德的这一套办法和他雷厉风行、扎实苦干的作风，鼓舞了边区的干部和群众，推动边区的经济工作出现了新面貌。

百年积弱叹华夏，八载干戈仗延安。抗战时期的延安，作为八路军的后方中枢，经受了严峻的考验。这里地处陕北，土地贫瘠，人民生活艰苦，同时还要养活数万军队与干部，更是非常困难。

朱德回延安时，胡宗南二三十个师、几十万大军虎视眈眈地注视着边区，时而进行挑衅活动。为了加强边区防务，保障中共中央的安全，朱德回延安后不久就下令从晋西北调三五九旅回防陕甘宁边区，以对付国民党军队的突然袭击。这一来，原本突出的粮食困难问题更为严峻。为了解决吃饭问题，朱德提出在不妨碍部队作战和训练的前提下，实行屯田军垦。

对于中国历史上的屯田，朱德是很熟悉的。早年他在读《三国志》时就很赞赏曹操“开芍陂（今安徽寿县）屯田”的做法，曾写下眉批“留薪办法”。他认为屯田是解决边区眼前生活困难的好办法，设想在规模上比曹操当时的屯田要大得多，不仅进行农业生产，还准备从事农、林、牧、副、渔以及手工业、商业、运输业的综合开发。

晚饭后，朱德正琢磨屯田如何实施，忽然一阵敲门声传来。康克清打开门一看，原来是康生，一进门他就说：“一直想来看望总司令，总抽不出时间。总司令不会见怪吧？”

朱德连忙招呼康生坐下，说：“你总这么客气，干啥子嘛！我们党的大秀才，我还想请你指导指导我怎么做学问呢！”简单寒暄后，朱德说：“康生同志，我正有件事想请教你。”康生神色一怔：“老总？”

“主席要我协助他抓生产，这是关乎边区生死存亡的大事。我有个想法，你看行吗？”朱德一开口，康生就紧盯着问：“老总快说，什么想法？”朱德边劝康生喝水，边说：“《三国志》上记载过曹操军垦屯田的事，你应该知道，你怎么看？”康生笑了笑，说：“我要说，那是不务正业，甚至是一种社会发展的反动！”

“是吗？能不能仔细说说？”朱德一惊。康生开始卖弄学问：“社会分工，是社会发展到一定阶段的必然。原始社会，男子狩猎、妇女采集，就是最早、也是最粗糙的社会分工；随着历史的进步，奴隶社会、封建社会、资本主义社会的分工越来越细致、越科学，同时也就标志着现代社会的逐步成熟与完善。在某种程度上，可以说，社会分工的程度就是社会生产力水平的标志！在这个基础上，再分析已进入封建时期的曹操的军垦屯田，只能说是一种反动的‘实用主义’，甚至完全可以说，这是一种典型的‘机会主义’、一种令人啼笑皆非的‘左派幼稚病’。”

朱德认真地倾听着，康克清冲康生一耸鼻，恶作剧地往他的水杯里放了几片红辣椒。朱德待康生讲完之后，谈了自己的看法：“我有这么个想法，你帮我参谋参谋——目前，延安地区的驻军，主要是为防备国民党及日本人的进犯，并没有战斗任务。要能边生产、边练兵，不是一举两得？当前，边区财政严重困难，在这种时候，我们要发动一切力量，自力更生，这样才能战胜敌人，才能实现民主建国的革命目标，也才能最终推动历史的进步、社会的发展。康生同志，你看有没有不妥的地方？”康生有些发窘，干笑了一下。

于是，朱德主动地转移话题，找出一张地图指着说：“这里有块好地方，可以军垦，你看行吗？”康生顺着朱德的指点，看到上面有一处叫“南泥湾”的地方，失声道：“南泥湾？！”朱德欣喜地问：“你知道？！”

康生说：“那是延安县金盆区一个有名的乡，方圆数百里渺无人烟，一片荒芜，荆棘遍野。不毛之地呀！”朱德笑道：“这不正是让咱们施展的好地方？！”

“那里野兽成群，尤其是豹子，隐在深草里，见人就扑！凡进去的人，从来没有再出来的！”说着，康生喝了一大口水，顿时大咳起来，涕泪交流，满面通红。康克清在一旁开心地笑了，朱德似乎发现了什么，用手嗔责地指了指康克清，慈祥地笑着说：“你这个康家家门呀？！”康生尴尬不已，找个理由溜之大吉……

二　“一把镢头一支枪”地垦荒屯田

南泥湾，陕西境内的一条狭窄溪谷，位于延安城东南90里处。现在提到它，人们自然想到的是良田百顷，山岭葱绿，清波涟涟。但20世纪40年代初，在那群战天斗地的拓荒人到来之前，这里却是一片荒山野岭，被老百姓称为“烂泥湾”，方圆几十里荒无人烟、荆棘遍地、野兽成群。当年最初的歌谣是：“南泥湾呀烂泥湾，荒山臭水黑泥滩。方圆百里山连山，只见梢林不见天。狼豹黄羊满山窜，一片荒凉少人烟。”对于当时的延安八路军来说，形势的艰难逼迫他们要在这一片荒芜、荆棘遍野之地上开辟出未来的希望。

1937年春，朱德在延安

穷则思变，这是打破国民党封锁的唯一出路。1940年，由秋至冬，朱德曾不知多少次到延安周边地区实地勘察，其目的是为遭受敌军经济封锁的陕甘宁边区部队物色一块垦荒屯田的好场地。

一天，朱德与警卫在树丛间、草莽中艰难地探路，跋山涉水。走到一处山坡，开始休息，朱德便给警卫战士讲三国时期曹操屯田的故事，大家听得入神。讲完后，朱德满意地笑了：“主席讲得好，只有生产，才能战胜困难。我们很需要毛主席提倡的那种艰苦奋斗的精神！”大家纷纷点头。

说着说着，朱德发现在这荒芜之地飘出一缕淡蓝色的炊烟，一按大腿站起身："有人家！走，访访去！"

好不容易赶到一间破茅屋前，一个身材瘦小的老汉惊慌地站起来，打量着这些当兵的。朱德问："老哥，你好呵？这地方是啥位置？"老汉木讷地说："南泥湾。"

朱德拉老汉一起坐到一块大石块上，说："你贵姓？就你一个人在这里过？好像附近都没人似的？"老汉见这个当兵的很友好，便如实说："我姓唐，住在这里几十年了，这地方一直没人，兵荒马乱的，我孤身一人，只有野兽做伴。"

"听口音你是四川人喽！我们应该是老乡哟？！我家在川北，也有几十年没有回去喽！"老汉一听是老乡，高兴得流下了眼泪："我是当年随父亲从四川逃难过来的，现在就我一个人。长官进我的破屋子里坐吧。"

朱德忙说："不用了，老乡哥。请问这里能打粮吗？"唐老汉说："怎么不能？！这里我很熟悉，地肥得很哟！只是这里没一户人家……"

随后，朱德请唐老汉当向导，一起勘查南泥湾的山林野谷、沟壑腐潭。大概是因为土地太肥沃，野蒿居然长到一人多高。走着走着，一不小心，朱德被野蒿绊倒，跌入山谷，警卫好不容易找到他，只见他两手被树枝戳伤，脸也被野蒿划出血痕。唐老汉担心地问："老乡，怎么样？"朱德一笑："这一跤可是跌得好哟！你们都来看——"

大家顺着朱德的手指方向望去，眼前是较开阔的一片谷地。朱德顺手拔起一棵野蒿，土很松软，野蒿带起一大坨泥土，黑油油的。朱德抓了一把土，凑到鼻前闻了闻，又攥在手里捏了捏，立刻兴奋地说："好土！好土！开荒种粮完全可以！"

再往里走，便是大片大片的灌木丛，长着尖刺的酸枣、沙棘扎得人无法迈步，只好靠砍刀开路。一些低洼地带，因常年受雨水浸泡，已成了沼泽，在日光照射下不时地向上翻着气泡。朱德用木棍探了探深浅，又高兴地说："这里的污泥并不深，可以改造成水田，看来我们不久就能吃上陕北的白米饭啰！"大家都笑了，都为这一次踏勘得到的重大收获和美好的开发前景激动不已。

朱德当即表示要请唐老汉做开垦部队的编外"顾问"，唐老汉欣然接受，并把南泥湾的有关情况详细地向朱德作了介绍。

经过几天踏勘，朱德对南泥湾的实际情形做到了胸中有数。听唐老汉讲，传说这里的水有毒，不能喝，人畜得到远处找水喝。临走时，朱德取走当地的水样和土样。由于延安化验条件差，就把水样、土样送到重庆周恩来处，请他找人化验。

化验结果表明：南泥湾的地下水没有问题，地表水中的毒系枯叶败草长期腐烂所致，只要用挖池渗漏的办法把毒物滤掉，再投以适量化学药品消毒，就可以饮用。

与此同时，在陕甘宁边区政府建设厅工作的农林生物学专家乐天宇了解了南泥湾、槐树庄、金盆湾一带的植物资源和自然条件，并收集重要植物标本 2000 余件，提出了《陕甘宁边区森林考察报告》。朱德看到了这份报告，只见报告详细阐述了边区森林资源和可垦荒地的情况，提出了开垦南泥湾以增产粮食的建议，十分高兴。

不久，朱德派军委行政处处长邓洁会见乐天宇，专门了解南泥湾详细情况并向他汇报。随后，乐天宇三次陪同朱德视察南泥湾。一次次调研更坚定了朱德开垦南泥湾的决心。渐渐地，一个开发南泥湾的总体计划在他胸中形成。

朱德来到毛泽东的窑洞，毛泽东捧出红枣招待他。朱德把南泥湾考察的情况和准备调部队进行屯垦的打算向毛泽东作了详细汇报。毛泽东听完，连声称赞：“这件事你朱老总抓得好，抓得好哇！”

当朱德提议调第一二〇师三五九旅时，毛泽东当即表示同意，并补充说：“光有三五九旅不够，我看延安的中央机关、军委机关、学校和留守部队，都要抽人进去，还可以动员逃难到边区的外地农民也进去，在那里开荒种地，安家落户。”

一天，朱德找到三五九旅旅长王震，向他传达了中央的决定。王震是个爽快人，表示坚决服从中央的指示，也明确提出了自己的困难，说：“论种地，总司令和主席是行家，可我王胡子是个外行。我十几岁就到长沙干铁路工人，种地就怕搞不好！”朱德鼓励王震：“这不要紧，我们的许多干部战士都是种田好手，你不懂可以向他们学。只要大家动员起来了，团结起来了，三五九旅在南泥湾也一定会干出名堂来！”

开发南泥湾自然不是轻而易举的事情，首先需要统一认识。不少战士从日夜战斗的前线回到边区，一心想的是打退顽固派的进攻，保卫边区，保卫党中央；可是，到了边区却要他们拿起锄头去开荒，思想上一时转不过弯来：“当兵吃粮是天经地义的事情，哪有当了兵还要种地的道理？”于是，朱德深入到战士中去，了解大家的思想，解答大家的疑问，说明为什么要进行军垦屯田的道理。他经常引用毛泽东提出的一个问题：在严重的经济困难面前，我们是饿死、解散还是自己动手克服困难呢？他谆谆告诫大家，饿死、解散不是出路，只有自己动手，克服困难，才是我们的办法。

一些干部对指挥作战有一套，但组织开荒却没有经验，开始时也感到很不适应，朱德嘱咐部队领导干部：要想把生产自给运动开展起来，必须充分做好思想动员和组织准备，要鼓起大家的信心，要用我们劳动的双手，建立起革命的“家务”。

南泥湾，究竟是块“香饽饽”，还是“烫手的山芋”？三五九旅旅长王震心里没底，但他深信“人定胜天”的道理。1941 年 3 月，三五九旅遵照毛泽东主席“一把镢头一支枪，生产自给保卫党中央”的指示，在王震的指挥下，开始分批从绥德警备区开赴南泥湾，开始了“背枪上战场，荷锄到田庄”的垦荒屯田，并创造出自力更生、艰苦奋斗、官兵一致、同甘共苦的“南泥湾精神”。

进驻南泥湾的八路军三五九旅的战士们在伐木、打土坯、盖房子

三　“烂泥湾”成为陕北的“小江南”

1941 年 6 月 20 日，朱德写了一封长信给三五九旅七一八团、七一七团的领导，对南泥湾生产作了具体指示：“你们两团的生产有成绩，有了基础，望你们每天都向前推进，建立起模范的生产运动。你们要知道此一工作的重要性，它不但解决了目前自给自足的生活，并且也为边区建立了新民主主义的经济，将来即是国家一部分优良的产业。目前你们的农业生产将告结束（指开荒），你们应当乘此机会，建立起下边这些事业来……”

1941年，朱德拍摄于延安

在信中，朱德强调要抓紧畜牧业、运输业、手工业、商业这几项“抗战建国的伟大事业”，要求每月有生产总结，必须严格遵守纪律。

在南泥湾垦荒期间，王震特意聘请71岁的农民朱玉环为生产教官，并批准他参军，让各部队在生产上接受他的指导。王震还亲笔签发了一份执照，上面写道：“南泥湾劳动英雄朱玉环，现年71岁，参加我军。兹委任为本旅农业生产教官，指导本旅各部农业生产，他到各处巡视之时，望各部官兵向他请教，虚心地接受他的指导和批评，并应很好地照顾。”朱老汉很高兴地接受了聘请，又从延安三十里铺找来一位65岁的马老汉，一起指导战士种庄稼。

部队刚刚进驻南泥湾时，由于工具少而不够用，两三个战士合用一把，换班休息。三五九旅七一八团某班班长赵占奎总是会在战友午睡时，多开垦一些荒地。别人一天挖三分地，他却能够挖到八分以上。积极的生产热情和超出常人的力量，不仅使赵占奎所在的班成了全连的模范班，而且影响了全连，全连最终开荒1700亩，大大超出了800亩的预期。当年，赵占奎所在的连队共收获谷子206石、糜子119石，完全达到了自给自足的标准。

当年，战士们自造农具，几乎全部是靠人力拉犁开荒。他们不但没有叫苦，而且整日喊着嘹亮的号子坚持着劳动。因为他们明白，保全、壮大自己的力量是对日军侵略行为最有效的遏止方式。有一次，三五九旅94个开荒能手齐集一起，进行生产大比武，一连三天，战士郝树才天天保持四亩以上的纪录，一位农民不服，提议他和牛比赛开荒。结果，牛被累得口吐白沫，郝树才还生龙活虎，于是得了一个外号叫“气死牛”。

开展大生产运动所遇到的困难是难以想象的。官兵们没有房子住，只好用树枝搭起草棚临时居住（因为漏风、漏雨、漏光，战士们风趣地称之为“三漏”茅屋，把自己则比作身居茅屋中的诸葛亮）。为改变当时的状况，战士们边开荒、边抽出部分人突击打窑洞。打窑洞的战士天不亮就钻到泥土飞扬的环境里工作，收工时汗水和泥土沾满全身，根本辨不清相貌。

在大生产运动初期，尤为困难的是粮食不够吃。各部队干部亲自带头冒风雪，破冰涉水到远离驻地的县城背运粮食；没有油盐酱醋，设法打柴烧炭，再运到延安等地换回所需；没有菜和肉，战士们拾山货、挖野菜、找树皮、收野鸡蛋，或扛枪打猎、下河摸鱼。

一双双紧握钢枪的手，又拿起了锄头镰刀，这是另一个战场。战士们披荆斩棘，风餐露宿，以丝毫不亚于前线战士浴血奋战的精神，开荒种粮，烧炭熬盐，养猪养羊，织布纺纱。

1942 年春，朱德和毛泽东同参加高级技术干部会议的代表合影

朱德在大生产运动中身体力行，他和身边的秘书、警卫人员组成一个

生产小组，在窑洞里架起纺车纺线。并在王家坪开垦出约三亩菜地。清晨与傍晚，经常能看见他与康克清在菜地里劳动的身影。为了给菜地施足肥料，朱德几乎每天早起出去捡粪。他只身一人，手持铁锹，肩挎粪筐，穿行在延安城外的微微晨曦之中，俨然一位地道的农民。

朱德有着丰富的农业知识，他种的菜质量好，产量高，品种又多。他的菜园经常有人前来参观。朱德同他们交流种菜经验，向大家推荐蔬菜的新品种，还常请人品尝，部下去看他时，他常留他们吃饭，用自己种的蔬菜招待大家。

1942 年 5 月底的一天，朱德正在菜园里浇水，突然警卫战士送来急件，拆开一看，朱德顿时泪水涟涟。原来，身为八路军副总参谋长的左权遇日寇合击率总部突围时，不幸壮烈牺牲。

在朱德眼里，左权是党内难得的既有理论修养又有实践经验的军事家和优秀指挥员。突然接到前线传来的噩耗，朱德太心痛了，眼睛湿润了，嘴角翕动着。

回想起左权与自己并肩作战的日子，朱德更为悲痛。他放下手中的水壶，默默地说，我们一定要发展生产，一定要坚持抗战到底，誓把日寇赶出中国！走进窑洞，朱德蘸墨悼左权："名将以身殉国家，愿誓热血卫吾华。太行浩气传千古，留得清漳吐血花。"

7 月 10 日，朱德和徐特立、谢觉哉、吴玉章、续范亭等人视察南泥湾。他们兴致勃勃地参观了南泥湾农田，片片稻田在阳光下熠熠闪光。轻风徐徐吹来，田野泛起层层麦浪，山上散布着肥壮的牛羊，鸭子在水中游嬉。

接着，他们先后察看了纺织厂、鞋厂、肥皂厂、造纸厂、盐井、炭窑、营地、靶场、仓库，详细了解了开荒、生产、生活各方面的情况。开饭时间到了，王震端来他亲手做的红烧辣味鱼和几个炒菜。朱德一行吃着这些香喷喷的饭菜，不住地夸奖。

下午，有关负责同志为了朱德冬天御寒，决定把部队打猎时剥的一张最大的豹子皮送给他。朱德听后，风趣地说："你们这是做啥子？给我进啥子'贡'哟。"逗得大家都笑了起来。

见大家都笑了，朱德自己也不觉笑了："我这个当总司令的要带头执行纪律，咱们共产党可不讲送礼哟！"有关负责同志还是在继续说服他，这不过是战士们打猎后剥下来的兽皮，又不是特意去买的。再说，这也算不上什么礼。

朱德理解地看着大家，边走边说：“现在还很困难，战士们非常辛苦，拿这张豹子皮至少可以换四五丈布，我们又可以多做几套军装嘛！我当总司令，穿起了它，当了剥削者还了得？”说话间，他自己先笑起来，逗得在场的人全都笑了。

返回后，朱德感慨南泥湾翻天覆地的变化，赋诗称赞：“……去年初到此，遍地皆荒草。夜无宿营地，破窑亦难找。今辟新市场，洞房满山腰。平川种嘉禾，水田栽新稻。屯田仅告成，战士粗温饱。农场牛羊肥，马兰造纸俏。小憩陶宝峪，青流在怀抱。诸老各尽欢，养生亦养脑。熏风拂面来，有似江南好……”这首诗是1942年南泥湾的真实写照。

1942年，朱德（右三）、贺龙（右四）在八路军三五九旅旅长兼政委王震（右二）陪同下视察南泥湾

说到变化，有这样一组数据是不得不提的。三五九旅进驻南泥湾的第一年，因耽误了农时，加上缺乏经验，虽开荒1.12万亩，只收粮1200石。1942年，情况好转，开荒2.68万亩，产粮3050石。1943年时，已经初步做到不要政府一粒米、一寸布、一分钱，粮食和经费完全自给。到了1944年，开荒达到26.1万亩，产粮37000石，不仅粮食、经费自给自足，还积存了一年的储备粮，自给率达200%，真正做到了“耕二余一”，而且第一次向边区政府上交公粮一万多石。这一年，牲畜家禽除吃用外，存栏的

猪 5624 头，牛 1200 多头，羊 1.2 万只，鸡鸭数以万计。昔日的“烂泥湾”成了“米粮川”！

1942 年 9 月 9 日，《解放日报》发表《积极推行“南泥湾政策”》的社论，号召各根据地学习三五九旅的经验。

在屯垦南泥湾的三年中，三五九旅除开荒种地外，还挖了 1048 孔窑洞，建起了 602 间平房及大礼堂一座，置办农具、家具一万多件。

由于经济情况好转，1942 年年底，朱德、彭德怀下令改善前方广大指战员的生活，自 1943 年 1 月 1 日起，每人每天增发食油二钱，每月增发津贴费五角，每年发洗脸毛巾两条。

陕甘宁边区在 1942 年渡过了难关，到 1943 年情况就更好了。这年春节，对延安人来说颇不寻常。刚进腊月，各种迎春锣鼓就敲起来了，扭秧歌、踩高跷、跑旱船、耍社火的排练也开始了；冷清的延安市场大集变得红火热闹，卖东西、办年货的人群川流不息；站在延安城外的高坡上，不时会闻到一阵阵炖肉和蒸馍馍的香味……

1943 年，19 岁的贺敬之被三五九旅广大官兵开展大生产运动的热情所感动，一口气便写出这首《南泥湾》的歌词：

花篮的花儿香，听我来唱一唱，唱（呀）一唱；来到了南泥湾，南泥湾好地方，好（呀）地方。好地方来好风光，好地方来好风光；到处是庄稼，遍地是牛羊。

往年的南泥湾，处处是荒山，没（呀）人烟；如今的南泥湾，与往年不一般，不（呀）一般。如（呀）今的南泥湾，与（呀）往年不一般；再不是旧模样，是陕北的好江南。

陕北的好江南，鲜花开满山，开（呀）满山；学习那南泥湾，处处是江南，是（呀）江南。又学习来又生产，三五九旅是模范；咱们走向前，鲜花送模范。

25 岁的作曲家马可立即为其谱曲。全曲可分为对比性的两个部分：前半部分曲调柔美委婉，后半部分欢快跳跃，最后采用五度上行的甩腔手法结束全曲。

1943 年 2 月 5 日，农历正月初一，是中国人民传统的春节。这天，延安鲁迅艺术学校的秧歌队来到南泥湾，向三五九旅的英雄们献上新编的秧歌舞《挑花篮》，《南泥湾》是这个秧歌舞中的一段唱曲，旋律优美、抒情，歌唱南泥湾由荒凉变成“江南”，并热情歌颂了开荒生产建立功勋的八路军战士。歌曲吸收了民间歌舞的音调和节奏，加上载歌载舞的表演形式，融抒情性与舞蹈性为一体，更加生动感人。

农历正月初一一早，延安的群众就敲锣打鼓、扭起秧歌到枣园给毛泽东等中央首长拜年。朱德特地从王家坪赶来，和毛泽东等中央领导人一起，同群众坐在广场上欣赏演出。成千上万的人围成一个大圈，秧歌队在圈里演唱：“陕北的好江南，鲜花开满山，开（呀）满山；学习那南泥湾，处处是江南，是（呀）江南……”

毛泽东、朱德和群众热烈鼓掌。毛泽东称赞说：“这首歌颂南泥湾的歌曲真不错！”并扭过头来问朱德：“你觉得怎样？”朱德称赞说：“不错！革命的文艺创作，就是密切结合现在的政治运动和生产斗争！”整个演出持续了三个多小时。

这年 6 月 28 日，朱德给边区政府主席任弼时写了一封长信，认为边区财经工作是目前最中心的工作，延安生产运动不能以丰衣足食为满足，不能不为将来的各方面设想，从十分发展的方向做去。

11 月 26 日，为期 21 天的陕甘宁边区劳动英雄大会召开。大会开幕式上，朱德号召大家努力生产，厉行节约，把发展生产和保卫边区结合起来。大会闭幕式上，他又指出，军队参加生产，这是惊人的创造。会议期间，还举办了边区生产展览会，会上展出了朱德亲手种出的一个大冬瓜，大家看后都很感动。有一个干部看后，口占诗一首：“工余种菜又栽花，统帅勤劳天下夸；愿把此风扬四海，逢人先说大冬瓜。”

延安县劳动英雄杨步浩在会上听说朱总司令工作这么繁忙，还要每年生产三石细粮交给公家，表示愿为朱总司令代耕一石，使他有更多时间处理国家大事。第二年 6 月，他给朱德送来了为他代耕的一石新麦。朱德留杨步浩吃饭，并带他去参观自己菜园……

1944 年 11 月 1 日，延安东关飞机场。5000 余名战士列队伫立风中，等待毛泽东、朱德、任弼时等中央领导人的检阅。他们是三五九旅南下支队的全体指战员。

“你们这次到南方去，开辟新的敌后抗日根据地，这是一个光荣而艰巨的任务。只要你们能像松树和柳树一样，保持坚定的原则性和灵活的机动性，就一定能取得胜利！”毛泽东主席的讲话，掀起了誓师阅兵仪式的高潮。戎马疆场是军人的荣耀，但此刻三五九旅的战士人人心中却掠过一丝不舍。90 里开外的南泥湾，三五九旅一手耕耘的“世外桃源”，田野上还保留着他们的汗水与微笑。三年了，眼看荒山野岭在自己的手中变成了“陕北江南”，即将分离不免伤感……

有了南泥湾的成就，有了南泥湾的收获，中国革命才度过了非常时期，红色延安才走过了寒冬。南泥湾精神是延安精神的重要组成部分，其自力更生、奋发图强的精神内核，激励着一代又一代中华儿女战胜困难，夺取胜利。改革开放以来，南泥湾得到更好的开发和建设，特别是加强了自然生态的保护和建设。

南泥湾成了中国共产党军垦事业的发祥地，是南泥湾精神的诞生地。南泥湾精神也是红色革命精神的浓缩：从来就没有什么救世主，也不靠神仙皇帝，要创造人类的新世界，全靠我们自己。如今，听着《南泥湾》这首旋律欢快的老歌，仿佛穿越 70 多年的沧桑，让人们回到了过去，回到了那个拿起锄头、喊着号子、垦荒种地的热血岁月……

从爱女传奇到平凡的经历看朱门家风

2009 年 4 月 13 日，83 岁的朱敏离开了人世，与她日夜思念的父亲朱德团聚了。朱敏的一生历经坎坷和磨难，作为开国元勋的女儿，她牢记父亲的谆谆教诲，一直过着朴素平凡的生活，把毕生的精力奉献给了中国的教育事业。她在世的时候，笔者曾上门采访过她与她的丈夫，对一代元勋淳朴敦厚的家风十分感念，难以忘怀。

朱德的女婿刘铮家中摆放的朱德塑像

数年前的一天，在北京市新街口外大街一幢普通住宅楼内，笔者一行找到了朱敏的家。一进朱敏家的门厅，便可察觉到这个家庭异于平常人家的气氛，首先映入眼帘的是一尊朱德元帅的半身塑像，塑像两旁摆放着绿叶盆景，霎时让人有一种肃穆庄重感。

走进客厅，只见正面墙上悬挂着朱德的标准像；展示柜中陈列有朱德、康克清夫妇与朱敏、刘铮夫妇的合影，及朱德与朱敏父女俩的合影；沙发后面墙上悬挂有几幅用玻璃镜框镶着的朱德的书法作品；墙角小桌上还摆着一个朱德、康克清合影相框——这里简直就是一个小型的朱德纪念室。

很自然地，我们的话题便从朱德对女儿及女儿这个家庭的影响开始。

一　从“四旬”到“贺飞飞”

如果一个人每换一个环境便换一个名字，那么每个名字无疑是每段人生历程的见证，频频改换名字的人势必有着不同一般的人生阅历。开国第一元勋朱德的独生女儿朱敏便是一个这样的人。

朱德与朱敏的生母贺治华相识在上海，他们在德国哥廷根城奥古斯特大学学习社会科学时开始共同孕育一个小生命。尽管后来贺治华与朱德之间信仰已经相异，共同语言越来越少，贺治华的行为也深深刺痛着朱德，但朱德还是尽到了自己应尽的责任。1926 年，按照党组织的安排，朱德和贺治华离开德国，横渡波罗的海前往苏联。朱德进入莫斯科东方劳动大学求学，将已经临近预产期的贺治华安置在莫斯科郊外的一个农庄。

当年 4 月，40 岁的朱德喜得爱女，如获至宝，为纪念自己 40 岁得到这个女儿，朱德为爱女取乳名“四旬”。在这一年，朱德也迎来自己人生的重大转折——为支持北伐战争，中共中央决定从国外抽调一批军事、政治工作人员回国参战，朱德也在其中。女儿没出世之前，朱德已接到国内通知，这是他自 1922 年赴德国留学后第一次有机会将自己的追求和理想付诸行动。但是，此行无法带上尚在襁褓中的女儿，朱德只好离别女儿，独自踏上回国的征程。谁知这一别竟是 14 个寒暑！

次年夏天，彻底和朱德分道扬镳的贺治华，将小“四旬”送到从成都万里迢迢赶到中苏边境的妹妹手上。在姨妈和外婆身边，小“四旬”被改名为贺飞飞。渐渐长大的朱敏第一次认识父亲是在成都街头的一幅悬赏缉拿“朱毛”的人头像上，朱敏回忆说：“那天，外婆悄悄告诉我，那个‘朱’就是你的爹爹。”当时，朱敏觉得心口一热，突然非常想见到自己的父亲。

1938年，周恩来和邓颖超通过多方打听，找到了时年12岁的朱敏。有着一双明亮大眼睛、笑容亲切的周恩来给少年朱敏留下了深刻的印象，她还记得，当周恩来第一眼看到自己时，非常惊讶地对邓颖超说："这个孩子多像朱老总！"周恩来提出想把朱敏送到延安与父亲朱德团聚，可外婆一听要去那么远的地方，死活不肯放身体不好的外孙女走。于是，周恩来和邓颖超只好在临走时拿了一张朱敏的照片，带给朱德。朱敏还记得自己当时到成都照相馆照了一张穿学生装的半身照，照片只有一寸大。周恩来拿在手里，眯着眼睛看了半天，说："照片太小了，你爹爹要戴老花镜才能看清楚你的模样。"

两年后，国共关系开始恶化。国民党特务打听到朱德的女儿藏在贺家。一天，姨妈突然被国民党警察抓走，幸好姨妈一口咬定朱敏就是自己的亲生女儿，才使她幸免于难。但是，不安的气氛在家里越来越浓。一天早晨，外婆对外孙女说："飞飞，外婆不能再留你了！"尽管无比留恋外婆和这个家，但14岁的朱敏知道自己只有"走"这一条路了。没过多久，邓颖超又一次秘密来到成都，接走了朱敏和她的表妹。

当时，正好有一批共产党的医务人员从成都出发到延安去，朱敏和表妹便随队一路通过国民党的封锁线，于当年11月到达延安。

进了延安城，坐在马车上的朱敏便迫不及待地搜索着父亲的身影。这时，一个站在高高的土墩上的中年男人映入她的眼帘，他穿着八路军军装，腿上打着绑腿，直觉告诉朱敏，"这个人就是父亲"。她顿时忘记了路途上曾为如何开口叫父亲的苦恼，脱口而出："爹爹……爹爹……"朱德也一眼认出了女儿，他跑过来，一把将女儿抱下马车。原本朱敏还想好了几句问候父亲的话，可是在父亲怀里她却只顾流泪，父亲用大手抹去她脸上的泪，可不争气的眼泪又流了出来，父亲又抹……

到了父亲身边，朱敏亲身感受到外表平静内心炽热的父亲的一片舐犊情深。"原来以为父亲忘记了我的模样，哪知他记得我小时候的事情，还记得我的出生日，阳历是哪天，阴历是哪天，清清楚楚。我这时才觉得父亲想我想得好苦。如果不是为了革命，为了抗日，他说什么也不会离开我的！"康克清见着朱敏也非常高兴，拉着朱敏的手问长问短，久久不肯松开。

在朱德随身带的笔记本里，朱敏看到一张自己刚出生不久在莫斯科郊外草地上的照片，由于长年随身携带，照片已经发黄卷角。"那时，看着自己小时候的傻样直乐，还体会不到这张小照片寄托着父亲多少思念”，多年以后，重新回忆这些往事时，朱敏对那张小照片的印象却日渐加深，深深感受到父亲深沉的父爱，久久沉浸在深情的怀念之中。

刚到朱德身边的第一个晚上，没有睡意的朱敏赖在父亲的炕上，仔细观察父亲的模样。朱德长着黑眉毛、黑眼睛，一头略卷的黑发，还是个大胡子，虽然现在刮得很干净，从发青的两腮上一眼就能看出胡茬。朱敏怎么看怎么觉得父亲就像个农民，而不像个指挥千军万马的大将军。但这样朴实、慈祥的父亲，同时又有坚定、威严的一面，虽然与想象中的父亲形象有一定差距，朱敏还是更喜欢现实中的父亲。朱德曾经按照家族排辈给女儿起过一个大名“朱敏书”，但是他喜欢叫女儿“朱敏”，这样似乎更显得简单利落。

在延安与父亲一起过了第一个春节后，朱敏又一次面临与父亲的分别。那天中午吃完饭后，朱德没有去开会，他盘腿坐在炕上，用慈爱的目光看着女儿，然后从口袋里掏出一本薄薄的书默默地递了过来。朱敏接过一看，是介绍苏联国际儿童院简况的，心里很纳闷：父亲让我看这个干什么呢？看着满脸不解的女儿，朱德笑着问：“你长大了想做什么？”“和你一样，当八路军！”朱敏的人生理想脱口而出。朱德又笑了，他问：“打完仗以后，还要干什么？”这个问题朱敏可从来没有想过。于是，朱德告诉女儿，打完仗后要建设新中国，需要大量的有知识有文化的专业人才。而且，他直截了当地告诉朱敏，她将和毛泽东的女儿娇娇去苏联学习，并给她定了规矩：“20 岁以前不许谈恋爱，把精力放在学习上。你的体质差，容易生病，要想法把身体锻炼得强壮些。”窑洞里一时陷入沉寂，朱敏只听见父亲沉重的呼吸声，她知道这是父亲长征过雪山时落下的支气管炎后遗症……望着父亲期望的眼睛，尽管心里不太愿意，朱敏还是默默地点点头。

起程这天，朱德和康克清、毛泽东和江青都到延安机场送孩子，一同去莫斯科的还有王若飞的儿子王继飞和罗亦农的儿子罗西北。

多年后，朱敏回忆起那次离别，说：“我清楚地记得飞机在延安机场起飞时，我看见机翼下那一个个渐渐变成小黑点的亲人，我的心都缩了起来，他们好像会永远地从我的视线中消失，以后无论我是跌倒还是站立，我再也够不着他们的手，让他们牵我一把。这一天，我品尝了更加惆怅甚至带有恐惧的离别滋味。”

二 从“朱敏”到“赤英”

1941年1月30日，朱敏告别团聚才一个多月的父亲，赴苏联学习。当时，为了进国际儿童院学习时便于分班，朱德为时年14岁半的朱敏少报了两岁，填报12岁。到莫斯科后，朱敏使用父亲特意为她取的化名“赤英”，一是为了防备万一，不会暴露身份；二是“赤”和“朱”都是红色的意思，红色英雄，这也是父亲对女儿的希望。

尽管莫斯科是自己的出生之地，初来乍到的朱敏依然水土不服，先是气管炎，后又引出小时候落下的哮喘，整夜咳个不停。为了让朱敏身体早日康复，6月21日，儿童院将她送到位于苏联南方的白俄罗斯明斯克的少先队夏令营疗养。然而仅仅一夜之间，德军突然入侵苏联，刚刚脱离中国战火的朱敏，又陷入了更大的战乱之中。正在疗养院的朱敏和其他20个来自各国的孩子沦为德国法西斯的小囚徒。

在当地被囚禁两年后，1943年，朱敏和另外五个年满14周岁的小姐妹被德军押上闷罐火车，送往德国境内的集中营。德军像驱赶牲口一样把囚徒们拼命往闷罐车里塞，直到一个贴一个，一点不能挪动身体，才拉上车门。不到一天，车厢里就臭不可闻，有人开始呻吟，有人开始哭泣。两天后，朱敏开始发烧，如果让德军发现了她准会被扔下闷罐车，那就活不成了。迷迷糊糊中，朱敏感觉有人在往自己嘴里喂水，她吃力地睁开眼睛，发现是一个苏联红军。他对朱敏说：“你一定要活下去，哪怕像牲口一样，也要活下去，活下去就是胜利！你还要回到你的祖国，你的爹妈还在那里等着你！”

进入集中营前，每个人都要换掉身上所有的衣服，携带的物品都会被没收。朱敏一直随身珍藏着一支父亲送的派克金笔，笔帽上还刻有“朱德”的名字。因为德国人不认识汉字，看见是支派克金笔便没收了。眼睁睁地看着德国人拿走父亲留给自己的最后一件纪念品，朱敏心里难过极了，她突然想起身上还藏有一枚列宁纪念章，那是在国际儿童院一次联欢会上一个同学送给她的。为了保存这枚精致的纪念章，朱敏便悄悄地将它含进嘴里，压在舌头底下，躲过了德军的严格检查。

在集中营里，朱敏整天和其他小囚犯一起做苦役，每天的食物就是发霉的黑面包，还时不时挨打。她亲眼看见了法西斯屠杀手无寸铁的犹太人，心灵一次次被人间惨景所强烈震撼。为了保护自己，在集中营里朱敏开始保持沉默。长期的沉默使她几乎丧失了语言功能，直到现在说话还是有些吃力。由于在集中营中长期营养不良，朱敏的头发脱落了许多，身体发育也停止了，再没有长高过。

在集中营里，朱敏患上了颈部淋巴结核，因为得不到治疗，结核块溃疡，脓血糊满了衣领，变硬的衣领又不断摩擦结核块，加剧了溃疡。德国看守发现朱敏的脖子肿胀，就带她到集中营的医务室治疗。在那个德国医生眼里，这些囚徒也许只是和小鸡、小猫等类似的生命。他压住朱敏的头，没有消毒，没有麻醉，在她的溃疡处一剪刀割下去，活生生地把脓血硬挤了出来。犹如酷刑的治疗结束后，朱敏脖子上的溃疡面积更大了，高烧时常将她折磨得死去活来。这道三厘米长的疤痕，成为在她身体上留下的“永久纪念”。

朱敏家里珍藏有这么一张老照片，照片上是三个稚气未脱、身着连衣裙的小女孩，她们胸口上都别着一块小牌子，站在当中的女孩有着一张东方人面孔，她紧紧拥着两旁的伙伴。这个女孩便是朱敏。每当看到这张老照片，朱敏都会百感交集。

1944 年 1 月 30 日中午，朱敏和几个小伙伴正在放风，一个德国看守拿着照相机走了过来，面容和善地表示要替朱敏她们照相。几个小女孩被看守表面的和善骗过了，她们在镜头前露出真诚的笑容。突然，德国看守脸色一变，把相机放在地上，说姑娘们是在嘲笑他，举起鞭子便向朱敏她们狠狠抽了下去，也将瞬间的美好抽得粉碎，留下的只有屈辱和仇恨。几天后，这个德国人把洗好的照片送给朱敏她们，他一边夸姑娘们可爱，一边摩挲着手中的皮鞭。这次，朱敏她们谁也不敢说话，满心只有恐惧。

在集中营里，朱敏和伙伴们如同厨案上待宰割的羔羊。即使这样，朱敏与伙伴们还是巧妙地与德国法西斯“作战”。战争进行到 1944 年，反攻中的苏联红军势如破竹，德国法西斯节节败退，更加疯狂地需要枪炮弹药，集中营的工厂也变成了军需工厂。朱敏和伙伴们在工厂里劳动。听说子弹受潮会失效变成哑弹，但工厂里绝对找不到水，朱敏和伙伴们想出一个妙招——往子弹盒里吐口水。只要监工不注意，她们便拼命吐口水，下工时口干舌燥得连话也说不出来，但大家咧开干裂的嘴，会意地笑着。

随着1945年新年钟声的敲响，集中营里已开始听得见时断时续的枪炮声，朱敏她们天天盼望苏联红军快一点打过来，救她们脱离苦海。

1月30日清晨，朱敏和难友们发现集中营所有的大门都敞开着，四周宁静得有些可怕。一会儿，她们意识到德国人逃跑了，苦难结束了。朱敏和难友们紧紧地拥抱起来，激动得流出眼泪。人群中突然有人想起德军的仓库，于是人流迅速朝仓库涌去。朱敏和小伙伴们在人流中被推来搡去，根本无法靠近仓库。混乱中，一个硬东西把朱敏绊了一个跟头，她爬起来一看，是个油纸包，打开一看，里面竟然是一块足足有五磅重的黄油。朱敏和伙伴几乎要乐疯了，她们抱起黄油，赶紧挤出人群。

由于害怕德国人会回来，朱敏和小伙伴们商量往东边的苏联方向跑。好几个月里，她们几乎是在战火中过着流浪的生活，白天不停地奔跑，夜晚就露宿在野外。可是，在波兰的一个小镇，半夜一颗炮弹袭来，受惊的人们四处逃跑，正发着高烧、昏昏沉沉的朱敏与小伙伴跑散了。天亮时，一个曾为德军做俄语翻译的苏联男人发现了长着东方面孔的朱敏，他把朱敏当作与苏联红军谈条件的人质带到家中。几天后，朱敏被送到了苏联难民收容站。

在收容站里，朱敏被安排在厨房干活。出于自保的本能，她仍然不敢明言自己的身世，对苏联红军的问询，也只是和对法西斯宪兵讲的一样：名叫赤英，爹爹是中国的老中医，送我来苏联疗养，从苏联南方被抓到这里。直到几个月后，收容站新政委的出现结束了朱敏孤苦漂流的生涯。新政委一直格外留心这个中国女孩，几次盘问朱敏的身世都没有得到真实答案。以后的一段日子，他经常与朱敏交谈，告诉她战争的情况、苏联的情况、中国的情况。政委的开导和解释，终于消除了朱敏的戒备，她告诉政委：我是中国八路军总司令朱德的女儿。政委非常惊愕，他连连惊叫："天啦！这样重要身份的孩子居然没有被德国鬼子发觉，活着走出集中营，简直是个奇迹！是个奇迹！你知道吗，因为你活着从他们眼皮底下溜走，德国佬将要付出多大的代价去追悔啊！"

从政委那里，朱敏得知苏联最高统帅部正在寻找自己，并下令"解放一个城市，寻找一个城市"。不久，斯大林的一道急令飞往波兰境内：立即护送朱德将军的女儿到莫斯科。1946年1月30日，朱敏乘坐战后第一列从波兰开往莫斯科的国际列车，抵达莫斯科火车站。远在国内的朱德得知了女儿的音讯，很快寄来家信。离别四年后辗转收到父亲的来信，朱敏哭了，父亲在信中解释说在苏联卫国战争中没有打搅苏联政府，所以没有及时找到女儿的下落，让女儿受了许多苦，希望女儿原谅……

三　从海归到普通教师

战争结束后，摆在朱敏面前的是两条路，回国或是继续在苏联求学。虽然朱敏很想回国看望父亲，但她又不甘心两手空空回去。她决定留下来学习，把被无情的战争夺走的宝贵时光补回来。

凭着坚强的毅力，朱敏在儿童院努力补习俄文，不到一年就掌握了俄文，接着转到伊万诺沃学校补习完中学的课程。在集中营里，朱敏跟着难友学说俄语、捷克语、波兰语，还学着说德语，一开口便是乱七八糟的语言，把中文已经忘得差不多了。当她提笔给父亲写信时发现许多字都不会写，只好用俄文代替。幸好朱德年轻时在莫斯科学习过，简单的俄文连蒙带猜，还勉强能把信看懂。后来随着朱敏信中的俄文越来越多，他不得不找俄文翻译来帮忙。一次，他给朱敏来信，强调不能忘了自己的母语，朱敏才从俄文世界中醒过来，此后每当遇到不会写的汉字，她都要查字典。

在朱敏即将中学毕业时，她收到父亲寄来的一封信，信中希望她能回国读大学，在父亲身边可以边学习边治病。父亲的关心让朱敏既感动又矛盾：自己只完成中学教育，离父亲当初的期望还相距甚远。坚强的朱敏下定决心，不能就这样回去。特别是当看到在卫国战争中失去父母流落街头的孤儿，想到苏联著名的教育家马卡连柯为苏联人民教育事业所作出的卓越成绩后，朱敏便产生了当一名人民教师、献身祖国教育事业的强烈愿望，她的选择也得到了父亲的支持。1949 年，23 岁的朱敏考入列宁教育学院。

1950 年，上大学的朱敏趁暑假回国探望父亲，这距上一次离别父亲已有 10 年之遥。见到女儿时，朱德并没有什么特别的表示，只是嘿嘿地笑着，眼睛却始终是湿润的。当朱敏向父亲提起那支被法西斯搜走的派克金笔时，父亲安慰她说：“能活着走出集中营已经是不幸中的万幸了。对于父亲来说，你的生命比那支金笔更重要。”

1950 年，朱德与女儿朱敏在香山

在这个暑假探亲期间，朱德亲自做起女儿的汉语老师，每天晚上都辅导女儿学习汉语。假期将要结束的时候，朱德送给女儿几件衣服和他在抗日战争时期用过的一个深灰色手提箱，希望女儿在苏联好好学习，学成回来报效祖国。

在朱敏眼里，父亲是威严的元帅，举手投足间都显现出军人的刚毅与冷静；同时，父亲也是慈爱的长者，言谈举止映射出柔情与细致。朱敏刚回国参加工作时，她的第一个孩子便迫不及待地来到世上。年近 70 岁的朱德当上了外公，欣喜之情溢于言表。朱敏还记得，父亲小心地把小婴儿托在手掌上，戴着老花镜，仔细地端详，像读书那样久久不肯放下。朱敏由此触摸到了父亲那炽热的内心。

让朱敏没想到的是，父亲让她一满产假便去上班，说不能耽误工作，孩子由他和康克清妈妈来带。朱敏本以为自己刚生完孩子，父亲会让自己和孩子一起住在中南海的家里，可是父亲却硬要赶她到北京师大集体宿舍去住。丈夫刘铮那时在外交部工作，一年有大半年在国外，年幼的孩子也不在身边，这让希望享受家庭温情的朱敏感到很孤独。而且，朱敏还有另一层想法，“当时，父亲已是快 70 岁的老人了，我多么希望他能让我留下来照顾他啊！可父亲却板着脸用不容商量的口气对我说：‘你回来的任务是为祖国作贡献，而不是做孝子贤孙。’”朱敏不能理解父亲的做法，“家里那么多工作人员，难道就多我一个吗？”于是，她赌气不回家了。

为了解开女儿的心结，朱德特意派警卫员请她回家。一进门，朱敏便看到一幅祖孙同乐图：父亲正抱着外孙玩“扎胡子”，小家伙开始一倒一歪地躲闪，笑得口水直流。康克清告诉朱敏，这是祖孙俩经常玩的游戏。朱敏心中的不满和委屈不知不觉都溜走了，以后她按照父亲的要求，星期天才回家和家人团聚，其他时间都住在学校，精力全部放在工作上。

朱敏一直任教于北京师范大学。她在莫斯科列宁教育学院学的是心理学，但因她的中文不行，便在外语系改教俄文。在同事们的帮助下，朱敏很快便能胜任教学工作，从助教、讲师做到教授、教研室主任，将自己的一生献给了祖国的教育事业。

“不管干什么，都要安心自己的工作，干哪一行，就要把哪一行搞好。”多年后，每当想起父亲生前常说的这些话，朱敏觉得似乎工作干劲更足，“就在他去世前，还对亲人说‘人活着是为什么？活着就是要工作，要革命’”。在一篇怀念父亲的文章中，朱敏如此写道：“父亲的这些教诲，是留给我们子女后代的无价之宝。我一定要像父亲一样，踏踏实实地为党为人民工作，生命不息奋斗不止。”

身为国家领导人的后代，该有什么样的生活态度，是否拥有其他人所不具备的特权？朱德用自己的实际行动给女儿上了一堂课。

1954 年 10 月 1 日，是新中国成立后的第五个国庆节，党和国家领导人都要登上天安门城楼和首都人民一道欢庆。朱敏非常想和父亲一起去天安门城楼参加活动，可令她想不到的是父亲对自己的这个要求却大加责备。再三请求无效后，朱敏委屈地说起以前在苏联过十月革命节时，斯大林都邀请自己去红场观礼台。她没料到，这番话让父亲的火气更大了，“你住口！斯大林请你，是因为你是我的女儿，是苏联的客人，那是出于外交礼节，可现在你是在中国，天安门城楼是党和国家领导人活动的地方，那不是你们去的地方！你现在不是小孩了，必须严格要求自己。”

父亲的这番话，像闪电一样划过朱敏的内心，并在她心灵深处烙下深刻印记。在此后的日子里，反复地体味着父亲的话，朱敏真正地拥有了普通人的平常心，过上了一种平实而幸福的生活。

那时候对于如何花钱，年轻的朱敏开始很不得其要领。每个月的工资往往半个月就花没了，口袋里只剩零钱的朱敏只好找父亲求援。见到女儿陷入经济危机，朱德不由得和她开起玩笑："怎么？老师同志，成了穷光蛋了，工资一个人花还不够？别人一大家子的日子怎么过的？照你这个花法，不把别人的脖子都扎起来啦？"他一针见血地指出女儿的毛病是没有计划性，并提出以后亲自替她制定开支计划，帮助她养成良好的用钱习惯。此后，朱德真的给女儿制定了个详细的开支表。朱敏按照父亲的这个开支表计划用钱，再没有出现家庭"财政赤字"，也逐渐养成了节省的习惯。后来家庭陆续又添了几个孩子，生活相当紧张，但朱敏再也没有向父亲伸手，反而将生活安排得很有条理，孩子们个个都很结实健康。

因为年轻时受到的磨难太多，严重侵蚀了朱敏的身体健康，尤其是集中营的摧残，给她埋下各种疾病的隐患。

1939 年，朱德与康克清等在晋东南

1965 年年底，北京师范大学组织部分师生去农村搞"四清"运动。听说学校下乡的地点是父亲抗战期间曾经战斗过的晋东南地区，朱敏积极报名参加。但出于对她身体健康情况的考虑，系里没有批准。可是朱敏特别不服气，搬来父亲当"说客"，这样学校领导终于答应让她下乡了。

1965 年，朱敏全家合影（后左起：刘铮、朱敏、小女儿刘丽、刘铮的妹妹刘长芳；中左起：次子刘康、长子刘建；前左起：三子刘进、幼子刘武、四子刘敏）

临行时，朱德对女儿说，这是一次和工农相结合的好机会，你在外国待了很长时间，对中国农村不了解，应该听毛主席的话，到农村接受锻炼。朱敏到达晋东南后，按照父亲的嘱托看望当年的老乡，还看望了留在当地的老八路。乡亲们一听说朱德的女儿来了，就像对待自己的亲闺女一样，把朱敏接到家里居住，向她讲了好多当年的故事，乡亲们那种对八路军、对父亲的真挚感情，令朱敏十分感动。

到了农村后，一场意想不到的疾病却突然向朱敏袭来。开始时，朱敏常觉得右眼发胀发花，还以为是睡眠少，眼睛疲劳造成的，就自己点眼药水，并不放在心上。半年后的一天，朱敏突然发现右眼什么也看不见了，而且肿胀得十分厉害。工作组的同志连夜将她送到县医院，但医院无法确诊，估计是高血压引起的视网膜出血。于是，朱敏回到了北京，由于视网膜出血时间长，已经引起血肿，一时难以治愈。医生先用保守疗法治疗，希望保住这只眼睛。偏在这时，“文化大革命”开始了，专家们全被打倒。朱敏失去了精心治疗，眼睛随之失去了最后复明的希望。一场手术之后，朱敏从麻醉药失效后醒来，那只黝黑的右眼便永远从脸上消失了。

作为父亲，朱德虽说心里也很难过，但在女儿病床前，他却乐观地用苏联英雄保尔的事迹让女儿明白——你是健全的人，一只眼睛同样可以工作，大可不必难过和伤心。后来，他又请眼科专家为朱敏装了一只假眼睛，因为安装技术好，假眼也特别逼真，从外表看根本看不出真假。

70岁那年，朱敏与老伴在当时居住的北师大宿舍院子里散步时，被一个骑着自行车的人冒失地撞了个跟头。当时幸好老伴用身体抵挡了一下，不然后果更惨。这场小小的“交通事故”，却导致了朱敏的胯骨骨折。当时，朱敏和老伴挥挥手，放走了那个吓得手足无措的年轻人，所有事故后果他们自己全部承担了。当被人问及为什么这样“大度”时，朱敏用惯有的和善口气说：“这个年轻人也不是故意撞我的，我看见他吓坏了，怪可怜的。他是民工，也没有钱。”虽是简短、朴实的话，却能透出朱德元帅敦厚传世的家风。

这次意外过后，朱敏的胯关节骨折处几经手术才装了个人造关节，并卧床休息了一年。自此以后，一到刮风下雨天，冰冷的不锈钢关节就在朱敏身体深处隐隐作痛。人们以为朱敏从此以后再也不能离开病榻了，谁知她并不屈服身体的苦痛，身体恢复后便拄着拐杖下地了。

对于朱敏来说，虽然自己体弱多病，但她并不认为因此就应该可怜自己。苦难岁月足以摧残一个人的精神世界，但也能使一个人的精神世界从此变得更坚强。有了异于寻常人的不凡遭遇，朱敏的生命力似乎比一般人更为顽强。

四　从不被看好的婚姻到终生幸福

朱敏的丈夫刘铮1927年1月出生在石家庄一个普通城市平民家庭，父亲做小生意，母亲是位勤劳质朴的农家妇女。1945年4月，中学毕业的刘铮在晋察冀冀中军区参加八路军。不久，华北联合大学成立，爱好学习的刘铮进入联大外语系学俄文。1949年10月，中苏两国建交不久，刘铮便跟随王稼祥大使赴莫斯科，参加筹建大使馆工作。当时，刘铮是中国驻苏联使馆的翻译，他工作认真积极，为人随和，在大使馆非常有人缘。

本书作者余玮与朱敏的丈夫刘铮合影（吴志菲　摄）

早期的中国留苏学生大都是国家领导人的孩子和革命烈士的子女，在使馆办公室工作的刘铮其中一项工作便是协助留苏学生办理各种事务、传递国内信件、组织使馆的庆祝和联谊活动。由于工作关系，他和留学生们接触的机会很多。谈及最初见到朱敏时的印象，刘铮坦言“开始并不知道她是朱德元帅的女儿，后来才知道”，她“挺活跃，朴实，谦虚，没有一点高干子女的架子，很容易接触”。后来，随着两人交往多了起来，朱敏也越发觉得刘铮单纯，朴素，对自己非常真诚。刘铮介绍，自己在华北联大学俄文条件艰苦，老师是跟着从延安来的中央外事组、从后方来的懂俄文的干部学，学完了再教给他们这些学生，所以到苏联后他的俄语发音和语言表达都不够纯熟。诚恳热情的朱敏见此情况，便经常帮助刘铮纠正发音，每次来使馆，还为刘铮带来一些辅导书籍，帮助他尽快提高俄语水平。在与朱敏的交往中，刘铮一直把她看作一位可以信赖的朋友。爱慕之情在两个年轻人心里悄悄萌生。

有一天，大使馆的负责人出于对朱敏的关心和爱护，对她说：“你父亲就你一个女儿，选择爱人必须慎重。我知道你对刘铮有好感，可是他没有大学学历，又是一个普通人家子弟。中国有许多好青年，你可以回国去找……”朱敏一听急了，说：“我父亲不也是一个佃农家的孩子吗？看人不要看他的地位高低，只要他人品好、为人诚实、值得依赖、肯学习、敢负责，那他就值得我爱。”

1950年底，康克清率中国友好代表团赴苏联访问，她此行还背负了一个重要“私务”：考察一下女儿男朋友的情况。在大使馆的巧妙安排下，康克清在刘铮呈送文件时见到了他，并与他交谈了一会儿。事后，康克清对这位英俊潇洒的年轻人表示满意，代表朱德同意女儿的婚事。1952年春节前夕，经过三年恋爱长跑的朱敏和刘铮在中国驻苏大使馆举行了简朴而隆重的婚礼。朱德与夫人康克清发来贺信表示祝贺。

1955年5月8日，朱德、康克清和女儿朱敏、女婿刘铮在明十三陵

“与父亲这样的伟人生活在一起，使我感到一种强烈的责任。我们的一言一行、一举一动都不能辱没他老人家的英名”，长期以来，刘铮、朱敏夫妇始终把“忠诚老实地做人，认真勤恳地做事”作为座右铭，他们相濡以沫，共同走过50多个春秋。

2009年4月19日，北京的天空一改此前几天的晴朗，阴沉沉的，还有些阴冷。这天上午，开国第一元帅朱德爱女朱敏的遗体告别仪式在八宝山东礼堂举行。她于4月13日上午10时22分在301医院病逝。而在此前三天的4月10日，她刚刚度过83岁生日。

“红色英雄一生风雨万千险阻，耿耿丹心可鉴，余波渡尽忠魂在；后辈楷模学为人师行为世范，巍巍功业长存，红烛光耀留芳泽。”笔者给老人送行时，记下了八宝山东礼堂门上的这副挽联。显然，这挽联是朱敏不平凡人生的真实写照。

在朱敏的遗体告别仪式上，显著位置摆放着党和国家领导人敬献的花圈。此外，李敏、李讷、刘松林、刘源、邓朴方、罗东进、林豆豆等人以及各有关单位也敬献了花圈。朱敏生前的许多亲友及领导等纷纷前来向作做最后的告别。

尽管朱敏已离开自己多年了，在评价老伴时，刘铮说：“她稳重，不愿到处转。她一生都在师大教书，在教育事业上贡献比较大。对家庭也贡献很大，她一下班就回家照顾孩子们，也没什么怨言。”可以说，从朱敏身上，刘铮真切地感受到了老一辈革命家的崇高风范和人格魅力对下一代的影响。

刘铮接受采访后与余玮合影（吴志菲　摄）

朱敏家一角（余玮　摄）

代际的红色传承

孝母尊师，热爱祖国，用行动弘扬中华民族的传统美德。朱德无论是战争年代，还是和平时期，在报效国家的同时，无不牵挂着家乡父老，力所能及地尽孝。对子孙，他要求极其严格，从不让他们躺在自己的功劳簿上生活。他教育子孙的“要接班，不要接官”已成为“家训”，被后人时刻铭记在心，成为宝贵的精神财富。

朱德辉煌的一生，与少年时期对他影响最深的母亲钟氏是分不开的。

一　母亲把伟大的人格融入朱德的血肉之躯

朱德的相貌酷似母亲，这种“遗传基因”不仅是生理的，也是心理的。在朱德的记忆里，母亲比一般妇女要高大一些，强壮一些，裤子和短褂上，左一块右一块都是补丁，两只手上隐显着粗粗的血管，由于操劳过度，面色已是黝黑，蓬松的头发在后颈上挽成一个发髻，两只大大的褐色眼睛充满了贤惠，充满了忧愁。她出生于流浪艺人之家，不但一贫如洗，无家可归，而且受到世人的轻视，地位十分低下。能嫁到朱家这种有几间草房的庄户人家里，对她来说已是莫大的幸福了。她那硬朗、高大的身躯支撑着自己没日没夜地劳动，无论什么时候都在煮菜烧饭，缝缝洗洗，扫地担水，像男子汉一样下地干活，甚至在朱德出生的时候，他的母亲还在烧饭，还没等饭烧好，朱德就呱呱落地了。生下朱德后，母亲仍接着做饭。朱德后来曾深情地回忆说，自己的母亲“可怜得连自己的名字都没有”。做姑娘时还有名字，嫁过来以后只按家庭地位来称呼：对于孩子是“娘”；对于公婆是“二媳妇”；对于丈夫是“你”或“孩子他娘”。对公婆，她大敬大孝；对丈夫，她依从顺服；对妯娌，她贤惠和睦；对邻里，她乐善好施。她克勤克俭，精打细算，把全部精力都倾注到家庭生活和农业劳动中。

她就是这种女人，是中国农村劳动妇女的典型。在朱德眼里，母亲是举世无双的完人，他热爱母亲，敬重母亲，把母亲当作做人的楷模。母亲干什么，他也总是跟在后面有意无意地模仿着。朱德从他母亲那里得到了一个强健的体魄，同时又跟着母亲养成了勤劳和俭朴的好习惯，学到了同困难作斗争的经验和敢于吃苦耐劳的坚强意志，这些东西他一直保持着，当了总司令没丢，当了委员长也照样没丢。

朱德的母亲为中国革命和中国人民奉献了自己伟大的儿子，自己却一直保持着劳动妇女的本色。1919 年朱德在靖国军任职驻防泸州时，把父母接了去，奉养在身边。这时，他给母亲买了一副水晶眼镜。可是母亲过不惯外面的生活，她离不开土地、离不开劳动，劳动已经成为她生命的一部分，就和粮食一样重要。于是她又回到了故乡，回到了土地上、纺车旁。直到 80 多岁，还时常纺线，临终前仍不辍劳作，终生以坚韧不拔的精神抗拒任何艰难困苦，这似乎来自一种“遗传”，因为朱德的祖母同样是一个很不寻常的能干妇女，而且也是直到生命最后，还和全家在一起做自己能够做的事情。

在朱德的心目中，他最崇敬的人是自己的母亲，母亲把她的伟大人格：忍耐、宽厚、善良全部融入朱德的血肉之躯，对朱德的一生产生了重要的影响。1944 年，朱德回忆说：“母亲那种宽厚仁慈的态度，至今还在我心中留有深刻的印象。”康克清在回忆第一次见到朱德时的情景说：“我在队伍中，顺着别人指的方向望去，只见一个中等个头，体格健壮，忠厚长者模样的人，正向我们走来。走近了，才看清他身穿灰里透白的军服，脚穿草鞋，一身风尘，面带微笑，威武中透着慈祥。朱军长给我的第一个印象，是他很平易，平易得像一个地地道道的农民。一个普通的红军战士和威名远扬的军长之间的距离，瞬间就缩短了。”

朱德宽厚仁慈的性格、平易近人的作风在队伍里是出了名的，获得了广大指战员的尊重，被亲切地称为“老黄忠”。凡是和朱德有过接触的人，都能深深体会到他的宽厚，他善于团结同志，待人和气，不和人结怨，不对别人记仇。在行军途中，朱德很少坐担架，经常把马匹用来收容伤病员或驮文件，而自己则和官兵一样徒步行军，以一名普通长者的身份给官兵们讲自己的经历，讲古代史和近代史方面的故事，有的时候还摆摆“龙门阵”。这种谈笑风生的行军不但有效地减轻了行军疲劳，更大大缩短了朱德和官兵的距离，无形之中提升了他的领导影响力。可以说，他的母亲对朱德性格的形成产生了深刻的影响。

朱德就这样在母亲的影响教育下茁壮成长，思想发生了很大的变化，他在回忆母亲时曾深情地说：“我应该感谢母亲，她教给我与困难作斗争的经验。我在家庭中已经饱尝艰苦，使我在30多年的军事生活和革命生活中再没有感到过困难，没有被困难吓倒。母亲又给我一个强健的身体，一个勤劳的习惯，使我从来没有感到过劳累。我应该感谢母亲，她教给我生产的知识和革命的意志，鼓励我以后走上革命道路。在这条路上，我一天比一天更加认识：只有这种知识，这种意志，才是世界上最宝贵的财产……”

1944年2月15日，朱母在家乡逝世，消息一月后才传到延安，正在延安指挥对日战争的朱德闻讯后万分悲痛，特别是当他知道母亲是带着想见儿子一面的遗憾而离开人世时，禁不住泪流满面。4月10日，中共中央、延安各界隆重举行追悼朱德的母亲钟太夫人大会，这是中国共产党历史上仅有的一次为一个没有名字的农村妇女举行的公祭仪式。

下午2时，延安各界代表1000多人集结在杨家岭大礼堂，中共中央、陕甘宁边区政府的领导人毛泽东、周恩来、林伯渠等，延安农民劳动英雄田二鸿、工人劳动英雄郝作明和士绅商民代表均参加了此次追悼大会。

悼堂布置得庄严肃穆，灵前香烟缭绕，灵幕上高悬着“精神不朽”的大红旗。悼堂四周挂满了延安各界的挽联。中共中央的挽联是“八路功勋大孝为国，一生劳动吾党之光”。毛泽东的挽联是“为母当学民族英雄贤母，斯人无愧劳动阶级完人”。中共中央党校的挽联为“唯有劳动人民的母性，能育劳动人民的领袖”。刘少奇、周恩来等人的挽联为“教子成民族英雄，举世共钦贤母范；毕生为劳动妇女，故乡永葆好家风”。

追悼会上宣读了这篇刊登在延安《解放日报》上的朱德写给母亲的祭文《母亲的回忆》。周恩来代表中共中央讲了话，他称赞钟太夫人是个好劳动者。他说：“看到总司令母亲的传记，感到一个农民家庭从小到老都在生产劳动中，这是全人类的希望。我们中国的新社会就是从千百万劳动者中间创造出来的。钟太夫人是个好母亲。我们看到总司令母亲以勤劳的习惯、革命的意志教养了朱总司令。全中国人民的母亲教养了朱总司令成为民族英雄，是很值得骄傲的，我们很荣幸有这样一位民族母亲。钟太夫人是个好抗属。总司令早年去云南讲武堂学习，虽然没有告诉母亲，但她很高兴。后来，总司令转战川滇，把母亲接出来，但她仍愿回家劳动，从那时就和总司令分开了。以后，总司令到国外寻觅革命知识，参加共产党，20多年来从未回过家门，但她仍不断鼓励总司令。抗战后，总司令只寄了几百元钱回去，她仍然继续劳动，并不依靠总司令、八路军、共产党为她养老，因为她知道抗战是艰苦的，共产党人是大公无私的。这种抗属在全中国是少见的，即使在全世界反法西斯军人的母亲中，也是值得骄傲的。她的操守值得全国军人与官吏学习。”

朱德在答词中说：“家母去世，承各界代表、各位同志开很大的追悼会，我深深致谢……我只有更加努力于团结抗战事业，迅速把日本打出去，求得民众的彻底解放。只有更加努力于生产运动，使我各根据地以至全中国的每一个家庭，都有希望成为像边区一样丰衣足食的家庭。”

朱德母亲去世之日，正是抗日战争胜利的曙光已显露于东方之时。中国共产党召开这次追悼大会，是号召大家以朱德母亲为榜样，发扬艰苦奋斗的精神，争取抗战的胜利，同时也是树立共产党人的光辉形象。在经济繁荣、物质丰富的今天，我们仍然需要树立这种勤劳奋斗的精神，弘扬自强自尊、甘于平凡的美德。

当然，朱德不仅是大孝之人，而且十分尊敬他的老师，从私塾老师席聘三，顺庆中学、成都高等学堂的老师张澜，再到云南陆军讲武堂的老师李根源、蔡锷、李鸿祥等。尊师重道，这是经过中华民族五千年的积淀，传承下来的一种美德。这些老师都是在中国近现代史上光芒耀眼的人物，他们不仅向他传授了文化知识，还教诲他如何做人，并向他传播了西方的民主革命思想，引导他走上了资产阶级民主革命的道路。席聘三先生虽然不是叱咤风云的人物，但对朱德的一生产生了很大的影响，一直被朱德尊为恩师，几十年来难以忘怀。朱德于1940年夏天写的《和李印泉（根源）先生〈“七七”三周年纪念赠抗战将士〉原韵》（五首）和给李根源的信，就表现了他尊师重道的优秀美德。新中国成立以后，朱德建议邀请李根源先生参加全国政协第二次全体会议。1951年，李根源在重庆开会突然生病，朱德知道后电告中共中央西南局送李根源赴京治疗。他又亲自登门看望、宴请，畅谈别后之情，还派秘书护送到医院检查。时年82岁的李根源深受感动，特写诗赞誉朱德的尊师美德：“华屋作舍馆，病院送良医。如兹美风仪，天下知重师。”①朱德对其他的恩师，如张澜、李鸿祥等都特别敬重，这些都已传为佳话。朱德爱兵如子，视民如伤，联系群众，信任群众的精神也是有口皆碑的。他热爱人民，把人民看作自己的亲生父母，干一切工作都是为了人民的利益。朱德把功劳归于广大人民群众，他对人民群众有着极其深厚的感情，他认为人民群众是历史的主人，一切功劳都应归于广大工人、农民、战士和知识分子。1947年11月底，在解放军打下石家庄总结经验时，他说道：“主要要懂得功劳是大家的。中国的革命、政治、战争，都是毛主席领导的。比如说我吧，全中国、全世界都知道我是总司令。全世界的人都晓得中国无产阶级勇敢，了不得，但是他们晓不得那样多的名字，就以我为军队的代表。其实，我很惭愧，没有你们在前线的人那样多功劳。但我也只有受着，作你们的代表。假若我不懂这个道理，一夸功，就坏了。”

新中国成立后，朱德长期担任党、国家、军队的领导职务，但他始终坚持立党为公、执政为民、淡泊名利、廉洁自律的优良作风。这一切，离不开当年母亲与恩师的教诲及个人的修行。

二　剧场门口的大打出手之后

1947年春天的一个晚上，河北省石家庄辛集市剧场门口汽灯雪亮，两旁的小贩们正赶夜市，不断吆喝着招呼顾客。

人们吃过饭，陆陆续续地向剧场涌来。他们兴高采烈地议论着剧场演出的剧目。这时从西向东走来两个人，走在前面的是辛集市长周佩之，紧

① 刘学民：《浅析朱德传承尊师重道》，载《全国朱德生平和思想研讨会论文集》，中央文献出版社2007年版，第873页。

跟着的是他的警卫员。周佩之刚参加完各区的土改汇报会，忙里偷闲，来看戏了。周佩之的群众关系处理得相当好，在街上走着，人们不断地和他打招呼。周佩之也一一回应，不一会儿，就来到了剧场门口。

剧场坐落在大街路南，过去叫山西会馆，舞台是一座戏楼。他们俩刚要跨进剧场门口，把门的人把手一伸，道："票。"周佩之还没答话，警卫员赶紧上前说："这是我们周市长。"

"不管是谁，没票是不准入场的，这是剧场的规矩。"把门的人丝毫不给面子。"同志，我们是来检查工作的。"警卫员又解释道。说罢，周佩之就往里走。这时，坐在门口的一个年轻人见周佩之硬要无票进场，立即上前拦住道："检查什么工作？等散戏以后再检查。"周佩之瞧了这个年轻人一眼，只见他生得浓眉大眼，一身威武气派。当时，周佩之就浑身不自在。他从1938年参加革命，在抗日战争中出生入死，当上市长后，又把辛集的工作搞得非常出色，群众有口皆碑。再说，过去哪个剧团来演戏不都是请市领导看戏审查剧目。现在却被拒之门外，又有许多人围上来看热闹，他的脸实在有些挂不住，就说："今天我是来审查你们的剧目的，剧目没经过审查，是不准上演的。"说罢，就又要往里走。

"好大的口气！你给我走开。"那个年轻人把周佩之用力向后一推，由于用力过猛，差一点把周佩之推倒。周佩之见年轻人动了手，顿时冒了火，向那人扑过去。年轻人把身一侧，让周佩之扑了空。他顺手一把揪住周的脖领子，狠狠地打了周两个巴掌。

警卫员见打了周市长，马上掏出枪来，上前要抓那个年轻人。谁知剧团的人也带着枪哩，立即上来了几个人，把周佩之抓进了剧场。周佩之边走边喊："快去叫人，把我们的武装拉来！"警卫员急忙跑回政府去报信。

这下街上可开了锅，说不得了啦，有人打了周市长啦。顷刻间，公安战士、保安队员就来到了剧场门口，双方剑拔弩张。周佩之被揪进剧场，拼命挣脱，跳上了舞台。演员刚上场，见突然从台下跳上一个人来，一时不知所措，台下一阵骚乱。

周佩之站在台上对观众喊："乡亲们，今天我被剧团的人打了，他们欺负我们辛集人。你们把票退了，咱不看他们的戏了。"观众被这突如其来的事儿弄得莫名其妙。

这时，当地市委书记、地委宣传部长听说后，都赶了过来。他们一边命令武装人员撤回，一边把周佩之从台上拉下来。然后，地委宣传部长向观众说："今天这事儿是一场误会。现在大家坐好，戏马上就要开演了。"

接着，他们向剧场领导道了歉，带着周佩之，回到市政府。此刻，周佩之也冷静下来，认识到自己不该发火，但还强调："我们市政府有审查节目的权利。"

地委领导说："这剧团是延安评剧院，剧目毛主席都看过，你还审查什么！"周佩之有些惊讶，"毛主席看过，我哪知道呀！"他感觉自己行动有些过分，回头问警卫员："观众对这事儿有什么看法？"市委书记接过话茬说："都说市长不该白看戏，不该耍威风，不该学国民党的官。"地委领导十分认真地说："我们的干部不能搞特殊，不能以功臣自居，要做群众的表率。看戏是小事，但影响太大了，要接受这个教训。"

周佩之认识到自己的错误，沉痛地说："我错了，马上检讨，向剧团去认错，请组织处分我吧！"

几天后，一个领导找到周佩之，说："问题复杂了，你知道那天剧场门口跟你动手的人是谁吗？他是朱总司令的儿子朱琦，专门负责剧团安全的。"周佩之一听，很是吃惊，深感问题严重，整日等着处分。

不久，地委领导告诉他："朱总司令知道这事后，大骂了朱琦一顿。他说地方干部有错误应当通过地方党委解决，不该动手打人，给党造成不良影响。他还让朱琦深刻检查。后来又把他调离了剧团。"周佩之一听，激动地说："这本来是我的错儿，我得给朱琦说说情，可不能让朱总司令为这事分心呀！"

周佩之给朱德总司令写了一封信，说了事情的经过和自己的错误，希望朱总司令不要怪罪朱琦。朱德通过地委领导带信给周佩之，叫他好好工作，思想上不要有压力，要克服缺点，继续工作。周佩之内心非常感动。

三 要接班，不要接官

朱德的外孙刘建在爷爷奶奶身边生活的时间最长，从牙牙学语、蹒跚学步起几乎同两位老人形影不离，有时外出也带上他。朱德只有一儿一女，他们都生长在战争年代，那时条件不允许，没有得到多少的父爱，反而吃了很多苦头。新中国成立后条件变好了，朱德只有把父爱全部洒在孙子辈上，因此几个孙子都是他一手带大的。

朱德对后人要求严格，他把教育好后代，看成重要的革命工作，从不掉以轻心。他常对小孙子们说："在旧社会，许多家长希望自己的孩子将来能干一番大事业，他们所说的大事业无非是做官发财。我也希望你们做大事业，我这个大事业是为人民服务，为全中国和全世界人民做事。这个事业还不大吗？为人民服务就要有本领，这就得好好学习。否则，什么也不会，为人民服务就是一句空话。"

朱德对孙辈们学习现代科学知识很看重。他一再向孙辈们强调，祖国的建设，就靠你们这一代了。如果你们今天不好好学习，掌握本领，将来就是对祖国无所贡献的废人。当孙辈们在学校取得较好的学习成绩时，朱德就会喜形于色。但是如果学习成绩总不能让他满意，他就会以一种表面疏远的方式，对孙辈进行鞭策。

据朱敏回忆：朱德对她的孩子健健，一直是挺喜欢的。可是当健健几次考试成绩都不好后，朱老总就严肃地批评了健健。有一次算术考试只得了59分，朱德知道了，批评他学习不认真。小家伙明知自己不对，还争辩说："老师的题我都会，这次就是马虎了。再说59分跟'及格'不是就差一分吗？"朱德丝毫不迁就他，态度严厉地说："不及格就是不及格，差一分也是不及格！再说及格就可以满足了吗？"在他的严格要求下，小孙子们端正了学习态度，成绩有了明显提高。

朱德教育孩子很注意言传身教。他在住宅旁开垦了一块菜地，每逢星期天，总要带领孩子们一起干活，教他们如何翻地，如何刨坑，如何施肥，边示范边给他们讲自己小时候在家种田割草的故事，教育孩子要不怕苦不怕累，养成热爱劳动的好习惯。虽然戎马大半生，但朱德始终不曾丢弃生于山乡的劳动者本色。自幼生长在江西农村的康克清，在这一点上和朱德是琴瑟相契。他们对孙辈们人格德行的培养，最初就侧重在热爱劳动上。不论是玉泉山还是西楼寓所的房前屋后，朱德和康克清都自己动手种上了蔬菜和杂粮。当孙辈们长到一定的年纪，朱德、康克清就带领他们一起耕耘劳作。从翻地、播种，到锄草、浇水、掏粪、施肥，都无一遗漏地要他们参与。特别是那些脏活、累活，朱德和康克清一定不让工作人员代劳，亲自带着孙子们干。孙子们曾回忆说："放学后回家的第一件事，就是给自家的菜园浇水。这种从小养成的劳动习惯，使我们后来对参加劳动，吃苦受累，感到很自然，根本不觉得什么。"

孙子们记住了爷爷的嘱咐，陆续学会了一些手艺。有一年的假期，孙子朱和平在回天津的时候学会了生火和蒸馒头。他特别兴奋，回到北京就急着露一手。奶奶看着和平在炉前、案板边的紧张忙活，内心充满欢喜，馒头蒸得好坏已经不重要了。那段时间，朱德正在外地视察，奶奶看罢演示，对孙子说："快给爷爷写一封信，把这件事告诉他。"以往，朱德在外地，接到家里的来信，并不一定马上就回。但当他看到孙子的这封信后，立即回了一封信，对孙子的进步和成长，给予了表扬。

朱德经常教育孩子们，"干什么都是为人民服务，不管干什么都要安心工作，干哪一行，就把哪一行干好"，他还谆谆告诫孩子们："你们要接班，不要接官"，"要像普通人一样地生活"。在朱德的教育鼓励下，他的儿子当过火车司机，女儿是教师，孙子们有的当工人，有的是战士，有的当医生，有的在基层单位工作。他们不以高干子女自居，对工作不挑肥拣瘦，而是任劳任怨，同普通人一样生活在群众之中，默默无闻地为社会主义建设事业贡献着自己的力量。

1953 年，朱德全家在北京合影

信仰和忠诚的生动诠释

南昌起义后，朱德率领孤军英勇奋战，最后与毛泽东会师井冈山。那是一段艰苦卓绝的历程，困境之中，就是共产党人讲信念的时刻。当年，朱德对革命前途始终充满信心，他说：“我们搞南昌起义，就是为了建立一支共产党自己的军队，要是随便加入别人的队伍，那起义还有啥子意义？”朱德向大家宣示自己的坚定信念，并严词拒绝了部队中的错误主张，重申革命纪律，进行天心圩整顿，接着，挺进湘南，举行湘南暴动。

领导引领追随者，靠的是影响力。这种影响力源自领导自身的人格魅力，是职位权力所不能提供的一种巨大的影响力。信念是人物思想的试金石，也是人物性格的说明书。在艰苦漫长的革命生涯中，朱德以“愿与人民同患难，誓拼热血固神州”为己任，勇闯艰难险阻，勇搏惊涛骇浪，用一生的不懈奋斗生动诠释着什么叫信仰，什么叫忠诚。

一　有一种信念昭然纸上与心底

朱德加入中国共产党经历了一个绝对称得上艰辛的历程。1922 年 3 月，云南政局发生重大变动，唐继尧重新掌握云南军政大权。被通缉的朱德历经磨难，于 5 月中旬回到南溪家中。这一次逃亡带给朱德的并不只是不幸，也成为他人生道路的重大转折点，他试图“从原来的黑暗环境中摆脱出来，踏上一条新的生活道路”。6 月到达上海，在住院期间，阅读了大量书报杂志，从中了解了中国共产党领导的工人运动的蓬勃现状，逐渐认识到只有这个党才能给目前的中国指明出路，产生要与中国共产党取得联系并加入这一组织的想法。在寻找中国共产党未果后，决定到北京继续寻找。在与孙炳文的交谈中，得知中国共产党中央执行委员会委员长陈独秀在上海。第二次回到上海后，朱德在上海闸北会见了陈独秀，向他提出入党的要求。陈独秀以“对于当过高级旧军官的人来说，需要经过长时间的学习和真诚的申请”等为理由，拒绝了朱德的入党要求。但是，朱德没有放弃，决心远涉重洋，到国外研究共产主义，寻找拯救中国的道路。几经周折，朱德在柏林结识了周恩来，向周恩来介绍了自己的身份和经历，以及来欧洲的原因。后于 11 月经中共旅欧组织负责人张申府、周恩来介绍，加入了中国共产党。从此，朱德将自己的全部交给了党和人民。

1925 年 3 月 7 日，还在德国的朱德给在苏联学习的中共党员季子（即李季）、莘农（即陈启修）写了一封信。信是这样写的：

季子、莘农同志：

我前一星期两函，谅已收到。转托中国代表（驻莫斯科的）一封介绍信，往德共总部，使我加入他们的军事组织（此事可能否），研究数月，即来莫入东方大学，再入赤军研究军事。归国后即终身为党服务，做军事运动。此种计划，在莘农同志留德时已定，我始终竭力办此事，均未有效。去冬欲偕莘农同志往莫，莫方以额满为拒，德组为申送事，逼得治华出党。今岁法组送五人到莫，接任卓宣同志函，法组送四名，德组送一名，熊锐或朱德前往。那时我已准备来莫，后又未果。似此种困难情形，看来或是我党员资格太差，或是我行动太错，不能来莫研究，或同志中有不了解我的，说我是军阀而官僚而小资产，终不能做一个忠实党员的吗？以上种种疑误，是我的环境使然，不明我的真相的人，决不晓得我是一个忠实的党员。我现在决心两月以后即动身来莫，如东方大学准我入，我即加入听课；如不许我入，我亦当加入莫组受点训练，即在外住几月，亦所不辞。治华倘然与我同来，惟住房子的问题是不容易的。如不许我入校，那就要请你们帮我觅得住处，我一定要来。如以后不能住了，我即回中国去，专为党服务。以上所问，请你俩不客气地、爽爽快快地答应我。或可能入校，或可能租房自住，二者必求得一，我心即定了。莘农同志何时归国，亦启示知。此间数月来，为民党工作及改组学生会运动，颇生趣味，亦收点成效，唯荒了我们的主义研究，亦属可惜。我正月移居柏林，专为民党活动，经理报务，也印出一小本《明星报》来。对外发展是很困难的。

专此作为革命的敬礼。

旅莫诸同志统此问好。

朱德顿首

三月七号

朱德在信中要求“来莫入东方大学”，“研究军事”，并明确表示“归国后即终生为党服务，做军事运动”，他愿为党的事业奋斗终生的信念昭然纸上。信中提到的东方大学，即“东方劳动者共产主义大学”，1921 年创办于莫斯科，专为苏联东方各共和国及为帝国主义殖民地、附属国革命组织培养干部。

1925 年夏，朱德接到通知，他前往苏联的申请得到批准，近期内即可启程。这时，国际红色救济会帮了他很大的忙，替他办理了护照，并买了船票。

7 月 4 日，朱德带着三个装满书籍、地图和文件的箱子离开柏林，和李大章、林蔚、周唯真、杜基祥等 30 人一起乘船前往苏联。

朱德一行乘坐的轮船经过波罗的海前往苏联。一踏上苏联的国土，朱德立刻感受到一种友善、热烈的气氛。在列宁格勒，朱德和他的同伴们被邀请到工厂、机关、学校去演讲、参观。

那时，列宁去世不久，苏联还没有完全从内战造成的破坏中恢复过来，物质生活条件相当艰苦。有些同伴拿西欧的生活条件作比较，感到有些失望。朱德就告诉他们：“在列宁格勒，可没有游手好闲的人。每日节省了多少钱，做了多少事！经济困难，那是因为刚在激烈内战之后。我们从这一点来看，社会主义是正在一点点搞起来。这一点看不穿，那是资本主义的眼光。”

不久，中共旅莫支部根据朱德的请求，同意他留在苏联进入莫斯科东方劳动者大学学习，他在这里比较系统地学习了辩证法、唯物论、政治经济学、军事学，还有中国和世界的经济地理等，理论水平得到进一步提高。几个月后，朱德参加了在莫斯科郊外一个叫莫洛霍夫卡的村庄举办的秘密军事训练班。40 多名来自法国、德国的中国革命者在这里接受军事训练，学习城市巷战、游击战的战术。教官大多是苏联人，也有来自罗马尼亚、奥地利等国的革命者。朱德当学生队队长。曾经同朱德在一起学习军事的刘鼎回忆说：“教官在讲授军事课时，我们不懂的地方，朱德就帮助解释，因为他是有亲身体会的。对于游击战术的问题，他懂得多，理解得也透彻。”

在秘密军事训练班上，朱德经常用自己的军事知识和实践经验帮助大家学习使用机关枪、迫击炮等兵器，讲解如何利用地形、地物，如何保存自己、消灭敌人，如何侦察、如何袭击、如何进行街垒战和如何运用游击战术。教官曾问他回国后怎样打仗，他说：“部队大有大的打法，小有小的打法。”“打得赢的就打，打不赢的就走”，“必要时拖队伍上山”。对朱德的回答，只接受过正规战争理论教育的教官不以为然。其实，这是从中国实际出发的极为深刻的军事见解，它的正确性为后来的中国革命游击战争的胜利所证实。

1926 年，中国的政治局势发生了重大的变化。2 月下旬，中共中央在北京举行特别会议，认为：“党在现时政治上主要的职责，是从各方面准备广东政府的北伐。”会议还决定建立中央军委，以加强党的军事工作。为了支持北伐战争，中共中央决定从苏联抽调一批军事、政治工作人员回国。5 月 18 日，朱德作为一个共产主义战士，和房师亮等人一起，乘火车离开莫斯科，穿越西伯利亚到海参崴，再坐轮船，重返苦难深重而又正在奋起中的祖国。

二　一根扁担挑的不只是粮食

“朱德的扁担三尺三，挑起了天下的重担，跟着共产党打天下，走过了草地，翻过了雪山……”这首脍炙人口的歌曲不仅深受在井冈山参观的游客喜欢和称赞，而且关于“朱德扁担”背后的故事同样深深打动游客们的心。

那是1928年冬，国民党当局为消灭井冈山根据地，调集了湘、粤、赣三省三万余兵力进攻井冈山，同时，对井冈山实行经济封锁。一时，井冈山五大哨口内给养日渐困难。为了进一步建设和巩固根据地，井冈山军民掀起了一场从井冈山下的宁冈、永新、遂川等地挑粮上井冈山的运动。朱德虽然是军长，年龄已过40，但他身先士卒，每天挑着粮食爬山过坳，往返于山路之中。战士们见状，怕累坏了自己的军长，便把他的扁担藏了起来，以为这样一来，军长就可以休息了。哪知，朱军长不见扁担，知道是战士们干的“好事”，就找军需处长范树德重新做了一根扁担，并用毛笔分别在扁担的两头写上“朱德扁担，不能乱拿”八个字。战士们知道后，才不再藏匿朱军长的扁担了。由于朱军长、毛委员亲自带头挑粮，战士们的挑粮热情高涨，很快就将粮食储备好了。

从此，“朱德扁担”的故事，可谓全国家喻户晓，妇孺皆知。

1943年朱德在延安给高级干部讲课回忆起井冈山挑粮时说：“我在井冈山的时候，大家去挑米，我也去挑，挑到半山上，我就挑不动了，肩膀也压肿了。虽然如此，但是你一挑，他们就来抢着挑，一带头事情就好办了。”

朱德在井冈山挑粮的故事后来作为课文《朱德的扁担》被编入小学课本中。有趣的是，朱德的这根扁担在“文革”时期还被林彪“借用”过。

在史无前例的“文化大革命”中，朱德也受到打击，林彪、“四人帮”一伙诬陷朱德“没有当过一天总司令”，井冈山上不是朱毛会师，是“毛林会师”，在井冈山上挑粮的扁担变成了林彪的扁担，连井冈山革命博物馆的展览内容也改了。1967年2月，新出版的《红小兵》（小学课本），亦将原来《朱德的扁担》的课文，改为《林彪的扁担》。

偷天换日、颠倒黑白。朱德对此不急不恼，反而笑了：“他想要，就拿去吧！”“他迟早是要还给我的，因为那上面有我的名字。”

历史是不容篡改的。后来，林彪、江青一伙倒台了，历史也慢慢恢复了本来面目，在各种展览和课本中都恢复了“朱德的扁担”。

三　坚定地站在毛泽东的一边

1934年10月10日傍晚，苍茫暮色笼罩着赤都瑞金。年已48岁的朱德和中央红军主力被迫放弃革命根据地，从这里踏上了战略转移的漫漫长征之路。

红军转移的主力有一、三、五、八、九军团和中央纵队、军委纵队，计86000余人。留下红军16000人，由项英、陈毅率领，继续在中央根据地坚持斗争。战略转移的最初计划是，突破国民党军队的围攻，到湘鄂西去同红二、红六军团会合，创建新的革命根据地。因此出发时把它称为“西征”，西征的部队称为“野战军”，指挥转移的最高决策者虽是由博古、李德、周恩来组成的“三人团”，但有关行动部署和作战命令仍是由朱德以中革军委主席、红军总司令的名义下达的。

在朱德的亲自指挥下，由一、九军团为左翼，三、八军团为右翼，第五军团担任后卫，掩护庞大的中央纵队转移，于10月21日晚开始突围，从王母渡、新田之间，通过了敌人的第一道封锁线。11月8日，突破了湘南汝城、桂东、城口之间的第二道封锁线。红军通过第一、第二道封锁线所以能比较顺利，除由于国民党当局还没有发觉红军行动的真实意图外，一个重要的原因就是朱德根据统一战线，利用广东地方实力派陈济棠同蒋介石之间的矛盾，写信给陈，双方达成“就地停战、互通情报、解除封锁、相互通商和必要时互相借道”等五项协议，因而为中央红军主力突围打开了通道。一个星期后，红军主力进占了宜章城，通过粤汉公路，突破了蒋军设置在良田、宜章之间的第三道封锁线。然后，经临武、蓝山，一路出嘉禾向西进发。

蒋介石听说红军突围成功，看清了红军西征的真正意图，十分着急，忙任命湘军何键为“‘追剿军’总司令”，指挥西路军和北路军的薛岳、周浑元共16个师的兵力“追剿”红军，并在湘江沿岸布置了第四道封锁线，企图围歼红军于湘江以东地区。中央纵队和军委纵队共有14000多人、1000多副担子，加上两边护卫着的战斗部队，队伍庞大，行动缓慢，不能迅速渡过湘江。国民党湘、桂各军纷纷向红军渡江地段扑来，双方发生了空前激烈的战斗。红军经过四天四夜的血战，终于渡过湘江，突破了敌人的第四道封锁线。但整个部队已由出发时的八万多人，锐减为三万余人。为了摆脱尾追和堵击的敌军，毛泽东建议中央红军放弃去湘西同红二、六军团会合的计划，改向敌军薄弱的贵州挺进。1935年1月7日，红军攻克了贵州北部重镇遵义。

为扭转红军的被动局面，彻底解决红军指挥权的问题，1935年1月15日至17日，在朱德等人的促成下，在贵州遵义老城枇杷桥召开了中央政治局扩大会议，这就是具有重大历史意义的遵义会议。会议的主题是总结第五次反“围剿”和突围西征中军事指挥上的经验教训。会上毛泽东针对博古的总结报告作了长篇发言，批评了博古把第五次反“围剿”失败的原因主要归结于敌强我弱的客观因素，着重剖析了“左”倾军事路线实行消极防御战略方针的错误及其表现，如进攻时的冒险主义，防御时的保守主义，转移时的逃跑主义等，还阐述了中国革命战争的特点和由此而产生的战略战术问题。朱德在会上旗帜鲜明地支持毛泽东的正确意见，据当时在会上给李德当翻译的伍修权回忆说：“朱德同志历来谦逊稳重，这次发言却声色俱厉地追究临时中央的错误，谴责他们排斥毛泽东同志，依靠外国人李德弄得丢掉根据地，牺牲了多少人命！他说：‘如果继续这样的领导，我们就不能再跟着走下去！’”他用高度的原则性维护着信仰和忠诚的无上尊严。

这次会议肯定了毛泽东、朱德、周恩来指挥的一、二、三次反“围剿”取得胜利的正确战略战术原则，指出第五次反“围剿”的失败主要是由博古、李德消极防御的错误战略方针造成的。会议决定取消“三人团”，改组中央领导机构，指定由最高军事首长朱德、周恩来担任军事指挥者，增选毛泽东为中央政治局常委，这样，就形成了以毛泽东为核心的新的中央领导。遵义会议使几乎陷入绝境的中国革命得到挽救并开辟出新的前景。26年后，朱德在缅怀这一伟大历史转折时满怀激情地写道：“群龙得首自腾翔，路线精通走一行；左右偏差能纠正，天空无限任飞扬。”

遵义会议后，朱德、毛泽东采用“兜圈子”的游击战术，避实就虚，迂回穿插，指挥红军在运动战中声东击西、以走制胜。

1935年6月，中央红军与红四方面军会师于四川懋功。两河口会议决定将两个方面军混合编成左、右两路军。左路军由四方面军的红九军、三十一军和一方面军的红五、九军团及军委纵队组成，朱德任总指挥，张国焘任政委，刘伯承任参谋长，经阿坝北进；右路军由一方面军的红一、三军团和四方面军的红四、三十军组成，徐向前任总指挥，陈昌浩任政委，叶剑英任参谋长，经班佑北进。中共中央随右路军行动。其战略方针是“集中主力向北，在运动中大量消灭敌人，首先取得甘肃南部，以创造川陕苏区根据地”。

左路军按照预定计划，由卓克基出发，到达川西北阿坝地区后，张国焘野心勃勃，公然给党中央打电报，借口噶曲河水上涨，渡河困难，要左路军全部南下，折回西康，到天全、芦山去。张国焘的错误行为，立即遭到朱德等人的反对，他说："左路军不能仗着人多枪多，就搞分裂主义，擅自行动，要坚决听从党中央、毛泽东的指挥。"为了摸清噶曲河水的情况，朱德来到河边，察看河水，测量水的深浅，准备渡河。谁知，就在当天晚上，张国焘竟带着他的特务连，包围了司令部，把朱德、刘伯承扣押了起来。张国焘威逼朱德说："第一，必须公开谴责毛泽东，断绝同毛泽东的关系；第二，必须公开谴责中央北上抗日的决议。"

朱德极其鄙视地看着张国焘，气愤地说："毛泽东同志的领导是正确的，北上抗日的决议我是举手赞成的，决不能反对！""你就是把我劈成两半，也割不断我和毛泽东同志的关系，朱毛朱毛，外国人都以为朱毛是一个人，哪有朱反对毛的！"张国焘进一步威胁道："如果你拒绝执行这两项命令，就枪毙你！我奉劝你三思而行，免得以后悔恨。"朱德回答说："你就是枪毙我也决不执行这种'命令'！"

张国焘见朱德不屈服，又连续几天召开大会小会，发动一些不明真相的人围攻朱德，这些人拍桌子，打板凳，大吵大嚷。张国焘甚至采取更为卑鄙的手段，杀了朱德的坐骑，撤掉了朱德的警卫员，让朱德露宿，不给朱德饭吃，挑动一些人到朱德住处闹事，逼迫他表态，写文章、发表声明反对党中央和反对中央北上抗日的方针……

朱德坦然自若，坚定沉着，任他们怎么斗、怎么骂，他总是一言不发，埋头看书。等到他们斗完、骂完，他才义正词严地说："中央北上抗日的决定，我是赞成的、拥护的、举了手的。我不能写文章反对我亲自参加做出的决定。如果硬要我发表声明，那我就再声明一下，我是拥护党中央北上抗日的决定的。""你就是把我劈成两半，也割不断我和毛泽东同志的关系。"张国焘又威胁朱德："你既然主张北上，那你就离开部队北上好了。"朱德戳穿他们的阴谋："我是党派来的，我不能离开部队。"朱德心里明白，倘若离队，一方面很可能遭暗害，另一方面也失去了继续做红四方面军工作的机会。

10月上旬，张国焘南下到达四川理番县卓木碉后，公然另立"中央"，组织了"中央政治局""中央书记处""中央军事委员会"和"常务委员会"，宣布"毛泽东、周恩来、博古、洛甫（张闻天）应撤销职务，开除中央委员会及党籍，并下令通缉。杨尚昆、叶剑英免职查办"。自封"中央主席"，再次逼迫朱德表态，朱德坚决反对："我是总司令，不能反对中央，不能当你这个‘中央委员’。你要搞，我不赞成。我按党员的规矩保留意见，仍以总司令的名义做革命工作。”

面对张国焘的罪恶行径，朱德泰然处之。但为了使左路军不至分裂，他从革命大局出发，忍辱负重，说服同志们跟着张国焘南下。他要大家坚信，红四方面军的广大指战员绝不会一直跟着张国焘的错误路线走，迟早会回来北上的。一路上，朱德深入士兵中，耐心宣传北上的正确主张，深入细致地对干部战士进行思想教育。

张国焘公开和中央分裂后，率部再过草地、翻雪山，经懋功、宝兴等地南下退却。

就在张国焘南下期间，党中央、毛泽东率领的右路军自巴西出发，攻克天险腊子口，越岷山，渡渭水，顺利到达陕北。然而，张国焘却把左路军带入了绝境，向南撤退后，多次遭到国民党军队的围攻袭击，部队消耗很大，由当初的八万人减少到了四万人，此时大部分干部战士都已识破张国焘的阴谋，逐渐觉悟起来了。

张国焘在南下过程中屡遭挫折，部队损失严重。鉴于张国焘的反党分裂活动，中共中央政治局通过《中央关于张国焘同志成立第二“中央”的决定》，指出：“张国焘同志这种成立第二党的倾向，无异于自绝于党，自绝于中国革命。党中央除去电命令张国焘同志立刻取消他的一切‘中央’、放弃一切反党的倾向外，特决定在中央委员会内公布一九三五年九月十二日中央政治局俄界决定。”同时，毛泽东、张闻天、周恩来还商请刚从共产国际回来的中共代表团成员张浩（即林育英）做张国焘的工作。张浩在9月24日致电张国焘等，传达共产国际指示：“共产国际完全同意于中国党中央的政治路线。并认为中国党在共产国际队伍中除联共外是属于第一位，中国革命已成为世界革命伟大因素，中国红军在世界上有很高地位，中央红军的万里长征是胜利了。”他建议张国焘取消伪中央，“可即成立西南局直属代表团”于张国焘和中央之间的争论，“可提交国际解决”。张浩的电报在南下的红军中引起极大的震动。

由于共产国际的指导及党中央再三督促和教育，以及朱德、刘伯承、徐向前、任弼时、贺龙、关向应等人的斗争，张国焘感到越来越孤立，不得不在1936年六月六日宣布取消他成立的第二“中央”，被迫同意北上。

10月9日，甘肃会宁西津门（现称会师门）下，红一、红四方面军再次相会。

谈起同张国焘的斗争，毛泽东高度赞扬朱德说："你斗争得有理、有节，临大节而不辱，真是度量大如海，意志坚如钢。"

"文革"期间，当朱德受到迫害，被攻击是"老军阀""黑司令"时，朱德仍没有放弃自己的信仰和忠诚，用自己的行动说明自己是"红司令"。

四　提议刘少奇为国家主席候选人

1958年12月29日，朱德给时任中共中央总书记邓小平转中央书记处的一封信，是这样写的：

小平同志转书记处同志们：

你给我组织部、统战部对二届人大常委提名候选人名单一份，我同意。我提议以刘少奇同志作为国家主席候选人更为适当。他的威望、能力、忠诚于人民革命事业，为党内党外、国内国外的革命人民所敬仰，是一致赞同的。因此，名单中委员长一席可再考虑，以便整体安排。至于我的工作，历来听党安排，派什么做什么，祈无顾虑。

此致

敬礼

朱　德

十二月二十九日

这封信的写作背景是：

在1958年11月召开的中共八届六中全会上，毛泽东提出他不再担任下一届中华人民共和国主席职务，会议接受了毛泽东的这个建议。那么，由谁任下届国家主席呢？在这之前，毛泽东也没明确提出具体意见。经过中央书记处的初步酝酿，最后集中在朱德和刘少奇两个人身上。按惯例，毛泽东不连任国家主席，应由上届的副主席来担任是顺理成章的事。上届国家副主席只有一位，这就是朱德。事实上，在党中央高层和党外民主人士中，也确有这种考虑。当时，正准备召开第二届全国人民代表大会，中央组织部和统战部受中央书记处委托，草拟了一份第二届人大常务委员会候选人名单，发给中央主要负责人征求意见。其中，刘少奇仍作为全国人大常委会委员长人选，这就透露出一个明显信息：刘少奇留任人大常委会委员长，国家主席候选人显然是朱德。

朱德看到名单之后，明白了中央的考虑。

对于中央的考虑，朱德于12月29日，给书记处写了这封言辞恳切的信，力荐刘少奇担任国家主席，说“他的威望、能力、忠诚于人民革命事业，为党内党外、国内国外的革命人民所敬仰，是一致赞同的”，对于自己的工作，则明确表示“历来听党安排，派什么做什么，祈无顾虑”。

以后在一系列公开和私下场合，他还多次说过自己比毛泽东年长七岁，由他接替毛泽东任国家主席不符合情理，更不利于党和国家的事业发展，并再三坚持举荐刘少奇。

在这封短短的信中，可以看到一位伟人的博大胸怀。他考虑问题时时处处从党和人民的利益出发，以党和人民的利益为重，不计个人得失，充分表现了他那种大公无私、谦虚谨慎的高风亮节和坦荡襟怀，以及自觉服从组织安排的共产党员的优良品质。

中共中央接受了朱德的提议。于是，中央全会一致同意刘少奇为中共中央向第二届全国人民代表大会提出的国家主席候选人，而朱德为人大常委会委员长候选人。

1959年4月5日，邓小平在中共八届七中全会上代表政治局作了关于国家机构人事配备方案的报告。对于决定提名刘少奇为国家主席候选人，他作了这样的说明：“国家主席有好几位同志可作，如朱德同志，如党内几位老同志，都可以作，但是大家考虑的结果，以刘少奇同志担任这个职务，比较更为适当些。国家主席不单是一个很高的荣誉职务，而是有一些相当具体麻烦的事要做。例如出国、会谈、接待等等。所以，以刘少奇同志的能力和资望，以他现在在党内所负的责任，出面兼任国家主席职务，是比较好的。”

毛泽东在紧接着召开的第十六次最高国务会议上说：“朱德同志是很有威望的，少奇同志也是很有威望的，为什么是这个，而不是那个？因为我们共产党内主持工作的，我算一个，但我是不管日常事务的，有时候管一点，有时候不管。经常管的是谁呢？是少奇同志。我一离开北京，都是他代理我的工作，从延安开始就是如此，现在到北京又已经10年了。以他担任国家主席比较适合，同时朱德同志极力推荐少奇同志。”毛泽东还特别提到了“我们的朱老总”，一再赞扬他“度量大如海”，号召党内外人士都要向朱德学习。

1959年4月27日，在第二届全国人大第一次会上，刘少奇当选中华人民共和国主席，朱德当选为全国人大常委会委员长。

埃德加·斯诺认为，朱德“这个名字很贴切，因为这个名字由于在文字上的奇异巧合，在中文中的两个字正好是‘红色的品德’的意思，虽然当他在边远的四川省仪陇县诞生后他的慈亲给他起这个名字时，是无法预见这个名字日后具有的政治意义的。”从入党的艰辛历程到艰苦卓绝的革命岁月，再到晚年工作与生活，朱德用实际行动证明了“红色的品德”是必然，绝对不是简单的巧合，也正是“红色的品德”奠定了朱德伟大影响力的坚实基础。

不搞特殊化成为人生关键词

朱德是廉洁奉公的表率，他一贯主张发扬自力更生、艰苦创业的精神，勤俭建国、勤俭持家。1957 年 12 月，朱德在《人民日报》上发表《勤俭持家》一文，指出：“只要我们六亿人民和一亿多家庭都觉悟和团结起来，勤俭建国、勤俭持家，那么，我们建设和生活中的一切困难都是可以克服的。”

一代元勋已离开我们 40 多个年头，但他的廉政言行与思想在今天仍散发着特别的魅力……

一　“南瓜蒂上长白银”的背后

1928 年 11 月，朱德和毛泽东率领红军打下新城以后，部队在新城附近进行短暂休整。数月行军作战，红军指战员的衣服脏了，袜子破了，头发长了，休整时，朱德除了布置军事训练和政治学习以外，还留出时间让指战员们处理个人事务。

一天，几名战士来新城南门的一家理发店理发。理发店的黄师傅很热情，他一边给战士们理发。一边问：听说朱德军长也在城里？

红军战士睁开眼看了看，没有回答。黄师傅自言自语：朱军长真了不起，那么多的敌人，都被朱军长打败了。红军没来以前，城里的敌人可威风了，什么坏事都干得出来。百姓们可苦了。自从红军来了，穷人的日子就好过多了，这全靠毛委员和朱军长的好领导呀！朱军长是个啥样子哦？你们见过朱军长吗？说话间，朱德也来这家理发店理发了，他见人多，就悄悄地排在几名战士的后面等候。

好一会儿，那战士理完发，翻过衣服领子走出来，看见朱德排在后面，吃惊的叫起来：朱军长你也来理发？战士们一听，立刻站起来，争先恐后地说：军长，你先理。黄师傅回头一看，才知道此人就是朱德军长，连忙拿着白围巾走过来说：朱军长，我给你先理。朱德摇着头说：不不，你给他们先理，干什么都有个先来后到嘛，我还是排在后面吧！

朱德不欠理发钱，这也是井冈山人民传诵的一段佳话。

有一年春节前夕，朱德的头发很长了，胡子也没有时间刮。大家都劝朱军长去理个发。朱德只得抽空来到镇南的一家理发店理发，店主非常热情地理完发，刮了胡子。朱德从口袋里掏出一个银毫给店主，说：这是理发刮胡子的钱，谢谢你，说完就转身往外走。店主一把拉住朱德说什么也不肯收钱，他激动地说：红军来了，我们的日子好过了，过去国民党来理发不但不给钱，不高兴还打人，砸店。今天的好日子是你和红军给的，我怎么能收你的钱？

朱德听了连忙把红军遵守纪律、爱护百姓的道理讲了一遍，再三表示理发一定要按价给钱。店主人听了，淌着激动的眼泪对朱德说：那好，这银毫我收下，因为这不是一个普通的银毫。

这位店主一直珍藏着这枚银毫，新中国成立后，他把这枚银毫献给了中国革命博物馆（现中国国家博物馆）。

1929 年 8 月，为粉碎蒋介石发动的“三省会剿”，开辟新的革命区域，朱德率红四军第二、三纵队和前委机关出击闽中，攻占漳平、宁洋一带，经南溪、杨美，向大田、德化进军，拟渡乌龙江，向赣浙皖边游击，结果受阻，折回永春。8 月 22 日，朱德率红四军三千将士进驻永春福鼎，朱德麾下的红军著名将领罗荣桓、谭政、朱云卿、刘安恭、伍中豪、张宗逊、赖传珠、郭化若等在这里开展为期一周的革命活动。

今天在福中、环峰和一都黄柏洋的许多房子外墙上，还保存着当年红军刷写的革命标语，其内容有：“共产党是领导无产阶级革命的政党，欢迎勇敢的觉悟的工农分子加入共产党！”“红军是工人农民的卫士，白军是土豪劣绅的走狗！”“工人组织纠察队，准备武装暴动！”“打倒背叛革命的国民党！”“设立工人夜校，失业工人免费读书！”“农民组织农协会！”“成立工农兵代表会议政府！”“打倒帝国主义！”“革命第一，胜利第一！”等。红军张贴的文告，保存下来的有《反对军阀混战告工农群众书》。

当年，朱德率3000多红军战士一路风尘仆仆来到横口福鼎村。消息不胫而走，欢喜了百姓穷人，吓煞了地主老财，当地民团如惊弓之鸟。当天，部队司令部安扎在郭氏祖祠——美魁堂。这是一个四落大院，红墙绿瓦，很是气派，朱德和其他领导人都住在这里。

傍晚，当地德高望重的郭大爷急急忙忙找到警卫排长雷明，他们耳语了一阵，临了只见雷明拍着胸脯说：“我就是捉鬼队长，只怕鬼不来，不怕捉不了鬼。”入夜，山庄沉静下来，到处一片漆黑，不时从山上传来野鸟的叫声。夜半时分，凉风习习，只见山坳处大雾像烟尘一样滚滚袭来，此时的美魁堂内灯火闪亮，首长们正在开会呢。后来，只剩下朱德房里亮着风灯，他还在琢磨着白天勘察的地形，思考着下一步的计划。在雷明的一再催促下，丑时朱军长也睡下了。这时，福鼎村在夜色的笼罩下香甜甜地进入了梦乡。可在漆黑的夜幕下，警卫排的战士们站岗、巡逻，睁着一双双警惕的眼睛。丑寅交接时分，后山林子里有沙沙的响动，接着闪出一条黑影，黑影抄着羊肠小道猫着腰匍匐向前，走过几个岔口均未遇到麻烦，如入无人之境，那人思忖着：“会不会欲擒故纵？”后转而一想：“不会，不会，这次行动深思熟虑是个万全之计，一定成功。”当想到事成之后，论功行赏，似乎眼前都是白花花的银子……没容他再想下去，人已经踅近了美魁堂，他熟练地撬开边门，蹑行到西厢，正想要伸手摘下那只军用皮包的时候，突然一束束亮光直照他的眼睑，他惊诧了一下，随后抢下皮包想跑，说时迟那时快，雷明一个箭步冲了过去，死死按住那个家伙，几个战士把他五花大绑押到柴房审讯。原来这是临村一个惯偷流氓叫亚三，人称“小瘪三”。该村地主勾结民团，想叫亚三到红军那里偷窃文件邀功请赏，好研究应付红军的对策。亚三撕去头上戴着的黑面罩，颤抖地交代说：“他们出白银雇我来偷，只要偷出东

不搞特殊化成为人生关键词

西都给 10 块银圆，有价值的给 100 块银圆，再有价值给 500 块银圆，最有价值就给 1000 银圆，还给我房子媳妇。我就斗胆来偷，原想一定能成，因为我在乡村十偷九成，从未失手，没想到今天栽在红军手上。”第二天，郭大爷绑着亚三交当地苏维埃和游击队处理，同时带队狠狠教训邻村的地主，民团则像缩头乌龟一样再也不敢乱动。红军走后，美魁堂抓鬼的故事传开了，大家赞扬红军雷排长捉鬼的机智和勇敢，每当这个时候，郭大爷脸上总浮出欣慰的笑容。

3000 多名战士驻扎在一个村，吃饭吃菜成了一件大事。刚开始，由于地主老财造谣惑众，加上村民对红军并不了解，许多人弃家躲避，来不及逃的人关门闭户，筹集粮菜一时陷入了困境。朱德严明纪律，让战士挨家挨户做思想工作。一天，两名战士到村南一户人家，只见大门紧锁，听说已逃到外村亲戚家中。其家门口有一个南瓜大架棚，十分旺盛，棚上挂着两个黄艳艳的大南瓜，小战士心想，人家又不在，怎么个买法呢？大个子战士说：“把两个南瓜割下，我写一张纸条，钱以后送来。”说完割下南瓜，写了一张字条“买两个南瓜，以后付钱。——红军”，放在架上后就回去了。有一天晚饭，朱德吃到香酥的南瓜饭后，询问谁买的瓜真是好吃时，他才知道南瓜没有付钱。他让人叫来那两位战士，从背包里拿出一块银圆，语气严肃地说：“人不在，也不能白吃呀。”说完要两位战士去还钱，两位战士原以为办了一件好事，却受到首长的批评，顿时面面相觑，等他们回过神来时，早已站在身旁的排长对他们耳语了一番，这时他俩才兴冲冲地走了。

再说红军进村后，帮助村民打扫庭院、挑水劈柴。一位大爷病了，还派医生为他诊治……一桩桩军爱民的好事在村里传颂着。村民们消除了误解，事实戳穿了地主们造谣中伤的阴谋，外逃的村民回来了，村子里家家户户敞开大门，争相帮红军做事，有送粮送菜的，有送儿子来当兵的，真是军民鱼水一家亲啊。

再说村南那户种南瓜的村民叫陈亮，他携妻带儿回到家里，一切依然如故，十分高兴。只是棚上两个南瓜不见，他心里想，家在就好，两个南瓜算是让贼偷了罢，也不把它当回事，在村民会上他无意说了这事，没想到那两个战士又狠狠挨了一顿批，可他们心里不服气哪。一天，陈亮的妻子上棚割南瓜叶准备煮了喂猪，不经意间看见被割走的一个南瓜蒂上用红布扎着一个小包，他拿下来一看，里面包着一个亮闪闪的银圆，还有一张小纸条，可她不识字，急忙拿到村里给丈夫看，只见字条上写着："老乡：买两个瓜送上一块银圆。——红军"村里人顿时都聚拢过来，有的还窃窃私语。陈亮顿时面红耳赤，捶胸顿足，大声说："我好糊涂啊，原以为南瓜被贼偷了，没想到红军大哥纪律严明，买东西付钱，一块银圆可买好多南瓜呀。"说完他拉着郭大爷一起找朱军长，一是把银圆还了，二是要向两位战士赔罪。朱德激动地对陈亮说："这是红军应该做的。银圆你留着，至于赔罪由我来吧。"回到家里，陈亮倾其所有，把鸡蛋、鸭蛋和鸡鸭装满箩筐，上面用红纸写着"拥军爱民"，一家三口高高兴兴担着慰问品走向美魁堂。红军将走的前一天，他还特地宰杀大肥猪前去慰劳。一石激起千层浪。陈亮的"银圆故事"在村里传遍了，拥军爱民在福鼎在横口成了时尚，蔚然成风。后来，一位诗人以此为题材写了一首《南瓜蒂上长白银》的诗在福建省获省级奖，而一位画家以此为题材创作的国画也得了奖。从此，拥军爱民的优良风尚在福鼎在横口在永春代代相传，永远相传。

1928 年 8 月 29 日，朱德率红四军返回闽西根据地。离开时，留下了 42 名伤病员、400 多块银圆和一批步枪。尽管前后只驻扎七天，但革命火种已然播下，对此后永春轰轰烈烈的鳌峰（吾峰）抗捐斗争和安（溪）南（安）永（春）德（德化）苏区革命斗争起到了很好的推动作用，影响深远。

朱德部队驻扎后经过休整又要开拔了。临行前一天，朱德专门召开了军民座谈会，请村民给部队提意见，朱德在会上表彰了村民拥军支持革命的许多生动事迹，尤其盛赞在战士中暑染疾的时候，郭景云医师献出祖传秘方，用中草药精心调治，帮助战士恢复健康的感人事迹。他说在行旅之中无以为报，只有将自己用过的东西相送，聊表心意，说完由警卫排长雷明将一包东西送给郭医师。过后，郭医师从警卫战士那里知道那是朱德最心爱的东西，是一位军事指挥官必备的三件宝贝，心里一直过意不去，几次想退回去，朱军长决意要他留下。

这三件宝是：一支步枪、一个军用水壶、一支法兰西铅笔。那支已被削短的红铅笔，是朱德部署作战计划时在地图上圈圈点点的"指挥棒"；而那个显得陈旧又有多处凹凸不平的水壶已伴随朱德走过了万水千山，那是朱德军旅生活的"生命泉"；那支老式步枪经历了多少戎马倥偬，拼杀了多少次战役。红军走后，地主民团前来威逼郭景云，想要朱德送的东西，都被碰了一鼻子灰。硬的不行，他们来软的，想用1000块银圆收买朱德送他的东西，三番五次都被回绝了。自红军走后，郭景云早已把“三件宝”藏在隐秘的地方，连自家人都不知道，以防不测。

这年9月6日，朱德率部队开进龙岩城，胜利返回闽西革命根据地，蒋介石发动的“三省会剿”宣告破产。

1949年8月23日，永春解放了，随后中华人民共和国诞生了，郭景云心里充满喜悦。其时县文化馆博物馆下乡征集革命文物，郭医师便一口应承，亲自将“三件宝”送到县文化馆刘汉瑶手里，县里给他颁奖，后来市里省里知道了也给他颁奖，并且调走了“三件宝”，把它作为革命文物陈列在福建省博物馆内，而将实物照片复印几套分别送给市县和收藏者。如今过去了80多年，朱德已经故去，然而“三件宝”依然珍藏着，它不仅珍藏在福建省博物馆里，而且珍藏在每一个人的心里。

二　不做“特殊的共产党员”

朱德在教育党员、干部时，常喜欢说的一句话是：“我们党内只有特殊的战斗任务，不能有特殊的共产党员。”当年，他虽然身为总司令，但却时时处处以普通一员出现在群众之中。

八路军总部在武乡县王家峪时，担任总部党小组长的是参谋潘开文。朱德总司令对这个小组长很尊重，他总是按时交纳党费，参加组织生活，认真执行党支部的决议。有一次，党支部根据北方局的指示精神，让党员分小组回顾总结前段工作中的经验、教训，以便改进指挥机关的工作。晚上，党小组开会时，同志们觉得总司令傍黑才从外地回来，太累了，就没去通知他。第二天前晌，朱德忽然找到潘开文问：“昨晚开会，为啥不通知我参加？”小潘顺口撒了一个谎说：“我以为你没有回来呀！”朱德笑了：“我回来时，你不是在操场上还看了我一眼？”小潘一看露了馅，说了实话：“我们怕你过分劳累，想叫你早点休息哩！”“嗨，我是骑马回来的，又不是步行。就是再累还能比长征累？那时，咱们在泥沼里走一天，晚上还不是照样开会？”

小潘说：“昨晚主要是党员们检讨前段工作中的问题，你的工作蛮好，有什么可检讨的。”朱德却说：“毛主席早就讲过嘛，除了庙里的泥胎不犯错误，活着的人哪个能十全十美？”

总司令一席话，说得小潘没话说了，当面保证，以后开会一定通知你。后来总司令参加小组会，认真地在同志们面前开展批评和自我批评，使全体党员很受教育。

中华人民共和国成立后，朱德常说：“我是一个普通的共产党员，没有什么特殊……个人特殊了，就会脱离群众。”因此，当人们给他一些特殊照顾时，他总是拒绝接受。他到各处视察时，从不让组织群众欢迎，不让多跟车。有一年，他视察克拉玛依油田时，矿务局组织群众列队迎接，他见了说：“你们组织大家欢迎我，这一方面耽误了工作，同时又违反了中央的规定，希望今后不要这样做。”

视察新疆时，他住过的宾馆，临离开前，都走进厨房、水房、服务员室，和炊事员、烧水工、服务人员、保卫人员亲切握手，感谢大家的服务，勉励他们要热爱本职工作。在乌拉乌苏农场，他去商店了解食品供应情况，和售货员一一握手。这时，酱菜柜台的一个服务员满手沾着酱油、醋，正急于擦手，朱德一把握住她的手，亲切地说：“没关系，你的手不脏。”

1963 年，朱德到四川乐山地区视察，到了峨眉山下。当地群众听说朱委员长要上山，特意给他准备了一副“滑竿”。朱德坚决不坐，说坐“滑竿”上山，就失去爬山的意义了。别人劝他说：“您已是近 80 岁的老人了，又不常来，偶尔坐一次不算过分。”他说：偶尔坐一次也不好。他终于没有坐，硬是沿着陡峭崎岖的山间小路，一步一步攀登到万年寺。在山上稍微休息之后，又一步一步返回原地。

朱德对他身边的工作人员，也总是平等相待。给朱德做过保健医生的顾英奇回忆说：“在近十年的接触中，我深深体会到总司令既没有官气，也不摆老资格，甚至年龄上的老资格也不摆。”那时他是个 20 多岁的青年人，但 70 多岁的朱德一直称呼他“顾医生”“顾大夫”。一次，顾大夫因本身血清转氨酶偏高住进医院，刚一个月，朱德和康克清就来到病床边探望他，安慰他好好养病。这使病房的医生、护士和病友们都十分惊讶、感动。

1959 年庐山会议期间，一天午饭时，卫士向朱德报告：“董老夫人何连芝同志上午曾来看望康大姐，大姐不在。何大姐曾问到总司令，我说您在楼上办公，她就回去了。”朱德听了后，和蔼地说：“你这个同志呵，怎么能这样子待客呢？你不让客人见我，就给打发走了，这样做，多不好呵！”

不搞特殊化成为人生关键词

“百花齐放各争春，金马勇鸡彩色新；琼楼玉宇翠湖畔，勤扫亭堂迎贵宾。”这首悬挂在昆明翠湖宾馆大厅里的七言绝句，是朱德 1957 年 2 月视察昆明时，特地书赠翠湖宾馆的。

云南，是朱德的第二故乡，是他曾经生活和战斗过的地方，他对云南人民怀有深厚的感情。早在 1909 年，他抱着强兵救国的思想，考入云南陆军讲武堂；1911 年，参加了昆明“重九起义”；1916 年，在蔡锷的率领下参加了护国、护法战争……当他于 1957 年 2 月 13 日回到昆明时，觉得一切都那样亲切。

朱德的生活，一贯十分简朴。他来到昆明后，云南省委领导考虑到他已是年逾古稀的老人，为了照顾他的身体健康，让宾馆工作人员把伙食搞好一点。但是，朱德对自己的日常生活要求十分严格，再三提出不能超出他的伙食标准，希望把饭菜做得清淡一点。有一天，专为他做了一个“金雀花炒鸡蛋”。一端上来，他特别高兴，问道：“如今，昆明还有没有‘马豆荚’？”

“有，现在就有。”工作人员一听他很喜欢吃当地的小菜和山野菜，就问：“过去吃过‘苦刺花’吗？”

“吃过，吃过。要放昭通酱炒，非常好吃啊！”

工作人员知道老百姓常吃的这些山野菜，也是朱德爱吃的，就经常为他做些，他十分满意。

朱德在宾馆住了一段时间，省委在检查接待工作时，发现他每天的伙食费用大大低于规定标准，生怕影响他的健康，就批评了接待人员，吩咐做一些燕窝、银耳和胶质重的食物给老人吃。

一次，接待人员根据云南省委的意见，做了个“燕窝煮鸽蛋”。一端上桌子，朱德就有些不太高兴，立刻把接待人员叫去，十分委婉地批评说：“你们每天对我照顾得很好，晚饭也很可口，不要再搞这些贵的东西给我吃了。要看到普通工农群众的生活还很苦。”

工作人员非常不安地解释说：“省委领导怕不能保证您的营养，影响您的身体健康。”他非常严肃认真地说：“我的身体很好，不需要那些高级食品。这次燕窝的钱我付。下次再弄来，我可就罢吃了！”

当时，由于云南省委领导再三强调要保证老人家的营养，过了几天，工作人员又做了一次燕窝，硬着头皮给朱德送去了。这下，他真的生气了，一口也不吃，还让康克清专程去商店调查了燕窝的价格。后来，很严厉地批评了接待人员。

打那以后，工作人员经常给朱德做些青蚕豆焖饭，炒香椿、豌豆尖等地方风味的家常便饭，他十分满意，每次都是那句寓意深长的话："几十年不吃了，别具风味啊！"

三　中南海的"困难户"

20世纪50年代初，一天，朱德看到身边的工作人员在搞环境卫生，很高兴，说了一段意味深长的话："每个人都要锻炼能吃苦，要有朴素作风。人们都是'从俭入奢易，由奢入俭难'。有些人本来出身很苦，但进城以后就变了，不俭朴了。我们党是真正马克思主义的，只有我们才能用这么大的力量和时间来改造社会，不但要改造经济，而且还要改造思想意识和道德风尚。旧习气不可能一下子除掉，沾染旧习气也很容易。如果不养成朴素、节约的习惯，生产无论怎样发展，人们的欲望也是难于满足的。"他主张艰苦朴素，不只是教育别人，首先是自己身体力行。从中华人民共和国成立后，直到他去世前，他在衣、食、住、行各个方面，处处自奉节俭。他的朴素作风，不只是他身边的人称道，凡是接触过他的人，都有口皆碑。

三年困难时期，朱德紧缩了自己的饮食标准。他减少了粮食定量，也很少吃肉，有一段时间干脆不吃肉，常吃一种把米和菜煮在一起的"菜糊糊"。他家里由于来往的客人多，有段时间粮食亏空了20多公斤，工作人员想报请机关行政部门把短缺的粮食补上，朱德坚决不同意。一天，他亲自指导厨师做了一顿"菜糊糊"，请身边的工作人员吃。他对大家说："今天请你们吃这顿饭，是让大家不要忘记过去战争年代那种艰苦奋斗的精神。现在国家经济困难，人民生活艰苦，我们要想到全国人民，和人民一起渡难关，能节约一点是一点。"这样，他坚持和家里人一起吃"菜糊糊"，硬是用"瓜菜代"的办法，把短缺的粮食补了回来。

朱德到各地视察时，从不允许大吃大喝，当地什么方便就吃什么，从不挑剔或提特殊要求。1960年他回四川老家，一到就说明要吃家乡饭，其他通通不要。在南充，他吃了清明菜和米粉做成的馍馍。在成都，他吃烤红薯，服务人员见他不剥皮就吃，关心地说："连皮吃不好消化。"他说："不要紧，我消化得了。"

不搞特殊化成为人生关键词

1960 年 3 月，朱德在四川视察期间回到了阔别 52 年的家乡仪陇县。图为朱德走访仪陇县马鞍公社琳琅大队社员家

1962年，他回到阔别30多年的井冈山。井冈山人民出于对总司令的爱戴，准备了一些菜肴来款待，可被他一一谢绝了。他提出要吃红米饭和南瓜汤，说："井冈山的红米、南瓜，我已 30 多年没吃到了，很想吃。"有一顿，南瓜没有吃完，他叮嘱说："请不要倒掉，留着，下顿饭热一热我再吃，倒掉，就可惜了！"

1962 年，朱敏与朱德、康克清在青岛

在穿的方面，朱德的衣着也非常俭朴。他经常穿一身布衣服。有的衣服穿了多年，领口、袖口、肘部和膝盖处都打了补丁，还继续穿。有两身较好的服装，也只在接见外宾、参加大的国事活动或外出时才穿，一回到家里，就又换上了旧衣服。

朱德卧室的家具，十分简单，且都是用了多年的。床，是一张旧棕绷床，床单、被子、褥子，也是用了二三十年，打了补丁的。他坐的一个沙发很旧，也很矮。年纪大了，坐下去，再站起来很吃力。工作人员早就提出要换个新的，他坚持不让换。为了起坐方便，他让人用四根木头把沙发腿接高了一截，照样使用，还风趣地称这个沙发是“土洋结合”。

他的房子并不宽绰，住了 20 多年，管理部门提出要修一修，他一直不答应，总是说：“这房子很好嘛，有钱应当多给老百姓盖点新房子。”他用的卫生间窄小，洗澡盆很高，特别是他到了晚年，手脚不灵便，又有病，进出洗澡盆很费劲，容易出危险。看到这种情况，工作人员商量要把澡盆改装一下，放低些，上面再加个喷头。可是说了几次，朱德都没有同意。

朱德的生活十分简朴。三年困难时期，粮食匮乏，油、肉、蛋、菜等供应严重不足。作为国家领导人，朱德没有向国家伸手要补助，而是与全国人民一起共渡难关。他和夫人康克清以及身边的工作人员利用休息时间采摘野菜，并在自家院子里开出一块地来，种植蔬菜，如萝卜、土豆、红薯、冬瓜、苦瓜等。尽管他年事已高，并且日理万机，仍坚持抽暇锄草、浇水、施肥。

俗话说人勤地不懒，这块菜地年年长势良好，收获颇丰。有一年，这块菜地竟结了一个 75 斤重的大冬瓜，摘下后被送到了农业展览馆参加展览。收获的蔬菜，朱德总是先送一部分给工作人员的食堂，剩下的一时吃不完就放到菜窖子里贮存起来慢慢吃。康克清还亲自动手用豇豆、心里美萝卜等来腌制泡菜，并耐心教工作人员腌制泡菜的步骤和方法。

在国家三年困难时期，国家领导人的粮食和副食供应也相应减少。这对朱德一大家人来说就更困难一些。但他们没有向国家伸手，而是靠自己省吃俭用、靠劳动种菜来渡过难关。粮食吃超量了，也硬是设法在下月再补回来。他们家规定孩子们都到西大灶工作人员的食堂就餐，朱德说：“国家正处在困难时期，孩子们不能脱离群众。”他对孩子们的要求很严格，不能搞特殊化。孩子们外出都是坐公共汽车，就连康大姐上街买东西也都坐公交车。首长的专车只能在外出开会或接见外宾时使用，从不让家人用。

不搞特殊化成为人生关键词

朱德平时吃饭很简单，主食和肉吃得较少，主要吃蔬菜，喜欢吃苦瓜、空心菜。中华人民共和国成立后，物质条件好了，但朱德身居高位不搞特殊，一心想着的依然是党和国家的富强和人民的安康，自己仍然过着俭朴的生活。“从俭入奢易，从奢入俭难；勤俭建国家，永久是真言。”这是朱德写的诗《勤俭》，他就是这样要求自己与身边人的。

朱德身边的人都知道，首长衣着很简单、俭朴，除了出席一些正式场合穿得好一些，平时在家总是穿旧的布衣裤，里面的衬衣都是补了又补，以致在他临终时竟找不出一件像样的内衣给他穿，最后不得不临时去红都服装店现做一套内衣，外面仍然穿着他穿过多年的旧外套。工作人员谈及此事，都眼含热泪，从心底里敬佩他。

在朱德孙子朱和平的记忆中，有两样东西是爷爷朱德最喜爱的：一样是书，一样是土地。无论是住在中南海的西楼寓所，还是住在玉泉山的4号楼，爷爷奶奶总要把住房附近的空地开垦出来，种上一些蔬菜、杂粮。这并非爷爷的闲情逸趣，这通过耕耘劳作所得来的果实有着很现实的意义——减少开支，丰富餐桌。特别是在20世纪60年代初的三年困难期间，他们自己种的蔬菜、杂粮，对于度过那段艰苦的日子起到了很大的作用。朱和平记得，小时候住在中南海时，他家是个人口最多的大家庭。

除了朱德的孙子、外孙之外，还有许多孩子同他们生活在一起。吃饭时一张餐桌坐不下，要摆两张桌子。这些孩子都是谁呀？

原来，朱德年轻的时候，全家人节衣缩食，甚至举债供他念书求学。他参加革命以后，亲族都受到连累，在白色恐怖中屡遭迫害、备受煎熬。中华人民共和国成立之后，朱德没有忘记家乡的亲人们为支持自己、支持革命所付出的牺牲。为了尽自己的能力对亲人们有所报答，朱德思来想去，最后决定让家乡亲族每家送一个年龄小的孩子来北京读书。这样既可以减轻亲人们的负担，又可以让这些孩子接受良好的教育，将来成为建设国家的有用人才。所有这些孩子的学费、生活费都是靠朱德和夫人康克清的工资来支付。因此，这样一个大家庭在中南海大院里也算是“困难户”了。但是朱德从不接受组织上的补助，他不愿给尚不富裕的国家增添负担，他要尽自己的责任。看，这位共和国领袖就是以这种平民百姓的情义和普通公民对国家负责任的精神来对后代进行身教，教育他们如何做人的。朱德对这些孩子的要求也很严格，除了让两个年岁太小需要大人照顾的孩子暂时同自己住在一起之外，其他的孩子学会自理。他常对这些孩子说：“接你们来北京是读书的，你们还没有为国家和民族作什么贡献，所以不能享受不该享受的待遇。”这样的言传身教给幼年朱和平的心中留下了深深的印记——爷爷的辉煌历史只属于他老人家，自己的历史要靠自己写，一切都要凭自己的努力。

四 不要做孝子贤孙要“做大事”

朱德对子女的要求很严格。他不要子女们对他有什么照顾，而要他们对革命无限忠诚。他常对儿孙们说：“我不要孝子贤孙，我要革命事业的接班人！”

早在抗日战争、解放战争时期，他就反复对当时参加革命的儿女、侄子们说：“你们不要想做大官，要做大事，大事就是革命，就是为着天下劳动人民谋解放。”到了晚年，他又反复教育身边的孙子们，要爱学习，爱劳动，艰苦朴素，与工农打成一片，坚决不搞特殊化。他常常利用星期天或假日，组织家庭学习会，他对家里人说：“你们平时都有工作和学习任务，凑到一起不容易，要利用这个机会，大家在一起学习，交流学习体会。”只要朱德在家，家庭学习会就由他组织召开，家中无论大小都要参加。有时他当组长，有时推选别人当组长，他当“顾问”，辅导大家学习。

朱德特别强调，孩子们从小要养成吃苦耐劳、艰苦朴素的好思想、好作风，千万不要搞特殊化。他说：“粗茶淡饭，吃饱就行了；衣服干干净净，穿暖就行了。不然就不能到工农中去了。”他还说：“干部子女往往自以为比别人优越，这是十分要不得的。”为了使小孩子们从小养成爱劳动的习惯，当他们刚上小学的时候，朱德和康克清就要他们从事一些力所能及的劳动。上高小后，每逢放假，就让他们买来煤和面、米，自己生炉子煮饭吃；还发给每人一样工具，教他们去院子里刨坑、施粪，种各种蔬菜，学做庄稼活。

中华人民共和国成立之初，急需各方面的建设人才，为此朱德鼓励儿孙们要努力掌握一门专业技术，成为有用的专门人才。他的一个孙子被分配到工厂工作后，朱德很高兴地说：“当工人好啊，就是要当工人农民。不要想当‘官’，要当个好工人。”大外孙刘建初中毕业，响应当时毛泽东提出的“知识青年到农村去，接受贫下中农再教育”的号召，和同学们去黑龙江生产建设兵团。临行前同学问刘建：“你爷爷是三军总司令，为

不搞特殊化成为人生关键词

什么不去当兵，哪个部队能不要你？”当刘建征求爷爷的意见时，朱德非常支持孙子到农村插队的选择，他说：“中国是个农业大国，七亿人口中，六亿是农民，不了解农村，不了解农民，就不懂得革命。”临别时，朱德还特意从库房找出自己在太行抗日前线时用过的两个马褡送给外孙。

在黑龙江双鸭山农场，刘建被分配去养猪。那时刘建只有 16 岁，挑不动猪食，经常把泔水洒在身上。“喂猪条件比较艰苦，特别是冬天很冷，早晨很早就要起来给猪喂食，还要打扫猪舍。”艰苦的生活条件，使他产生了动摇。于是，刘建就给家里写信，希望调回北京。朱德并没有因孙子“受苦”心疼，而是回信说：“遇到一点小小的挫折，就想打退堂鼓，正说明你非常需要艰苦生活的磨炼，只有这样，才能真正培养起对劳动人民的思想感情。”“干什么都是为人民服务，养猪也是为人民服务，怕脏、怕苦不愿养猪，说明没有树立起为人民服务的思想。为人民服务就不要怕吃苦。劳动没有贵贱高低之分。想调回来是逃兵思想。”并告诉他：“你父亲在江西干校也在养猪，你们父子两代养猪很好，你们要比一比，看谁的猪养得肥，为国家贡献大。”

1970 年，外孙刘建参军了，他穿着新军装去看望爷爷时，老人家像对一个新兵一样，严肃地对他说：“到部队后，要服从命令，听从指挥，不要在别人面前摆架子，不要当‘兵油子’。”

刘建还回忆他自己亲身经历的一件事：“有一次，我们的师长，他专程打电话请示，意思就是要提我当干部，后来奶奶转达了爷爷的专门指示，说让他再多当两年兵，好好体会体会。所以我当了五年兵啊，人家一般都是两三年就提起来了。”

1973 年，朱德的侄孙朱进从部队退役后，去首都看望老人家，希望老人家出面讲情，给自己安排个好工作。朱德当即拒绝说：“我不能去说情，你的安排只能由地方政府根据需要量才使用。”

1974 年，朱德的儿子朱琦病故了，几个孙子孙女都在外地工作，有关部门考虑到朱德已经是 88 岁高龄，身边一个孙子也没有，就把在青岛海军中当兵的孙子朱全华调到北京海军司令部工作。一天，朱全华去看望爷爷奶奶时，朱德问他：“你怎么回来了，是出差，还是开会？”朱全华一听问话，知道他调回北京的事爷爷不知道，就推说暂时到北京海军某部来帮忙。一个星期天，他又去看望爷爷奶奶，朱德发生怀疑，便问他：“你去海军司令部帮忙，帮了这么长时间，怎么还不走，是不是调到北京来了？”

朱全华看瞒不过去了，就说了实话。后来在朱德的坚持下，部队决定把他的孙子调到南京海军某部。调令下来时，正是1975年农历腊月二十九，朱全华想在北京过春节，和他久未见面的妈妈团聚几天再走，回到家告诉朱德说："爷爷，组织上决定调我到南京部队的一个基层单位工作。今天是腊月二十九，明天就是大年三十，春节部队放假三天，我想和部队首长说说，过了春节再去报到。爷爷你看行吗？"朱德亲切而严肃地说："一个解放军战士，必须模范地服从命令听指挥，严格执行纪律。还是到部队去过春节吧，到那里和同志们在一起更有意思。"朱全华听了爷爷的话，就立即离开北京前去报到了。

朱德和夫人康克清都担任着党和国家的重要领导职务，朱德每年都要到全国各地去视察工作，经常不在家，一走就是几个月，即使在北京，也常住在玉泉山办公地，很少同家人见上一面。尽管如此，朱德对孙辈的成长还是十分关心，尤其是关心他们的学习。

孙子朱和平现在还保存着一个记录本，上面记录着他和那些哥哥姐姐们在学校的学习情况、学习成绩、在校的表现、某月某日要开家长会、由谁去参加，等等。朱和平刚上小学的时候，爷爷曾将他搂在怀里，抚摸着他的头说："你要好好学习，学习好了才能有出息，才能当好革命的接班人。"当朱和平刚刚会写心得笔记时，在外地视察的爷爷就专门捎信给奶奶，让她给朱和平买一个印有"向雷锋同志学习"字样的笔记本，要求朱和平从点点滴滴小事做起，并记录下来，写出总结和体会，学会用正确的观点和方法观察事物、分析问题。只要老人家在家中，无论多忙都要抽出空来检查孩子们的作业本和学习手册，如果哪一道题没做出来、哪个地方写得不好，他都能检查出来，那是肯定不会放过的。

孩子们上小学时，康克清曾多次参加学校的家长会。她同其他同学的家长一样，坐在教室里听班主任老师讲话。如果老师表扬了他们，那康克清回到家就特别高兴；如果批评了他们，那她回到家的第一件事就是找他们谈话，要求他们改正缺点，努力学习，不断进步。

由于学校离中南海比较远，朱德家就同刘少奇、陈赓家合包了一辆三轮儿童车，由一位王师傅负责骑车送孩子们上下学。朱援朝、朱和平上小学时的一个冬季，有一天风很大，看到王师傅蹬车那么吃力，两兄弟和大一点的伙伴就下来帮王师傅推车，到家时天都快黑了。当朱德得知回来晚的原因后便表扬了他们，并问学校里坐儿童车的学生多不多。当得知多数

不搞特殊化成为人生关键词

学生都是乘公共汽车时，朱德说："我们这不是搞特殊化吗？老百姓的孩子都能坐公共汽车上学，咱们怎么就不能呢？"几位家长一商量，都觉得这样影响不好，不能再坐了，第二天便给孩子们买了公共汽车的月票……

为官，与民同乐；为军，身先士卒；为子，孝义恭亲；为长，舐犊情深。这就是朱德。他戎马一生，却也朴素一世，严于律己、平易近人，从不搞特殊化。他离开了这个世界 40 多年，尽管他没有给后人留下什么物质上的财富，但他的精神、他的作风、他的品德成为亿万人民的财富，他的形象永远矗立在亿万人民的心中。

生命倒计时的时光

晚年朱德陷入深深的悲伤、悲凉之中。最后一个军礼，他敬给了长期共同奋斗的老战友，敬给了人民心中的总理。最后一次外事活动离他去世仅隔 15 天，“革命到底”成了他的政治遗言。

一　同总理之间的最后相见

1975 年 1 月 13 日至 17 日，第四届全国人民代表大会第一次会议在北京举行。朱德主持了开幕式。周恩来带着重病在会上作了《政府工作报告》，重申发展我国国民经济的两步设想。

从三届人大到四届人大，中间相隔 10 年，又重新提出实现四个现代化的宏伟目标，并决定以周恩来、邓小平为核心的国务院领导人选，使经受了多年“文化大革命”磨难的人民心中又燃起新的希望。

朱德在这次会上继续当选为人大常委会委员长。这时，他已是 89 岁高龄的老人了。他在四届人大常委会第一次会议上说：“在庄严的四届人大一次会议上，我们被选为人大常委会委员，党和人民委托我们贯彻执行宪法规定的职权，责任重大，任务很艰巨。我们一定要刻苦学习马克思列宁主义、毛泽东思想，勤勤恳恳地努力工作，完成党和人民赋予我们的光荣而艰巨的任务。”

朱德是这样说的，也是这样做的。随着我国在国际政治舞台上作用的不断显现，在世界范围内我国同一大批第三世界国家建立了友好合作关系，频繁的外交往来，使朱德的工作更加繁忙了。周恩来是在发现癌症两年后的1974年6月才住院的。四届人大后不久，周恩来病情加重。朱德知道这时自己要多承担些工作，以减轻这位老战友的重负。朱德承担了大量的外事活动，频繁地会见外国国家元首、政府首脑、议会领导人以及友好代表团，在有限的一年半时间内，他单单出席接受国书的仪式就达到40多次。

以四届人大常委会委员长身份领导全国人民向四个现代化目标迈进的朱德，精神更加振奋，就像年轻了几岁。为了表达自己坚定的革命意志，不负党和人民的重托，朱德多次提笔写下了“革命到底”的条幅以铭志。

1975年7月11日，朱德正准备到北戴河去休养，身体稍稍恢复的周恩来让卫士高振普打电话：请朱总在去北戴河之前先来见见。

前几天，朱德曾经想去看总理，因为总理当时的身体不太好，不愿让年近九旬的朱老总看到他在病榻上的样子，就没有请他去。当时，朱德也不想影响总理的正常治疗。当得知朱德去北戴河需两个多月才能回来，周恩来担心到那时自己的身体条件不会比现在好，于是热情地向朱德发出了邀请。

下午5时50分，朱德走进总理的会客厅时，看见周恩来已经换下了病号服，远远地迎了过来。朱德紧紧握住周恩来的手，声音有些颤抖：“你好吗？”周恩来回答说：“还好，咱们坐下来谈吧。”

朱德的动作有些迟缓，当卫士走过来扶他坐到沙发上时，周恩来关切地问：“要不要换一个高一点的椅子？”朱德说：“这个可以。”

这天，朱德同周恩来交谈了20多分钟。周恩来知道患有糖尿病的朱德有按时吃饭的习惯，为了不耽误朱德吃饭，6时15分，两位老人依依不舍地握手告别了。警卫员搀扶朱德上车时，周恩来一直目送汽车远去。

朱德同周恩来有着半个多世纪的深厚情谊。1922 年，朱德在德国由周恩来和张申府介绍加入中国共产党。50 多年来，他们曾经一起度过了无数个生死与共的日日夜夜。朱德万万没有想到，这次竟是他同总理之间的最后相见。

1950 年 6 月，朱德与周恩来在全国政协会议上休息时交谈

1959 年 4 月，朱德和周恩来等在第二届全国人大一次会议期间

二　最后一个军礼敬给老战友

周恩来的病情不断恶化，毛泽东的病情也在加重。邓小平受毛泽东的委托，主持党中央和国务院的日常工作，对工业、农业、科技、国防、教育、文化等各方面进行全面整顿。在短短九个月里，形势有了明显好转，各个领域的工作取得显著的成效。对邓小平取得的成就，朱德是十分欣慰的，他称赞道："在毛主席的领导下，由邓小平同志主持中央的日常领导工作，很好。"

然而，邓小平雷厉风行进行的整顿工作从一开始就受到"四人帮"的阻挠和破坏。"批邓、反击右倾翻案风"运动，使全国再度陷入混乱。

1976 年 1 月 8 日 9 时许，周恩来所在病房外的电铃忽然响了。这不是平时的电铃，而是为遇紧急情况专设的电铃。不好！大家快步跑向病房，几乎同时看到监护器上的心跳显示：心跳70多次。一直是100多次，忽然掉到70多次，陈在嘉大夫急得说不出话来。周恩来心跳在继续下跌，60次、50次、30次……

医生们按照原定的抢救方案，采用了所有措施，呼唤、人工呼吸……都不起作用。陈在嘉哭了，她在监护器前坐不住了，方圻大夫替她守着。荧光屏上，时而显示一次心跳，渐渐地看不到心跳了，只见一条直线。总理，人民的好总理，为人民的解放事业奋斗了60多个春秋的伟人，带着全国人民的敬仰，离去了。跳动了78年的心脏于1976年1月8日9时57分停止了。

上午10时，毛泽东正侧卧在病床上，听工作人员给他念文件。昨晚他几乎彻夜未眠。负责毛泽东身边工作的张耀祠匆匆忙忙走进毛泽东卧室，他带来的是周恩来逝世的噩耗。

屋里沉寂得连一根针掉在地上都能听见。毛泽东只点点头，一言未发。对于他来说，周恩来逝世，早已是预料之中的事了。几年来，从医生一次又一次的诊断报告中，他预感到了不妙。此时无声胜有声！

过了良久，毛泽东目光滞惘地仰视着天花板，语无伦次地喃喃自语："走了，他也走了。"说罢，不禁潸然泪下，唏嘘而泣。

当时，朱德的身体也不好，才出院不久。组织上怕朱德悲伤过度，没有立即告诉他有关总理病逝的消息。

当天下午，朱德还在接见外宾，接受比利时新任驻华特命全权大使舒马克递交国书。回来后，康克清想让他对总理逝世有个思想准备，便慢慢地对他说："总理的病情最近又有恶化。"朱德听了后，沉默了一会儿，说："不会吧，他的手术做得很成功，怎么会这么快就恶化了呢？"

"反正情况不是很好。"康克清低声说。朱德还没有听懂康克清的意思，想不到总理已经走了，他认为："有那么多的好大夫给总理治病，病情不会发展得那么快。"

可是，他的心情十分沉重，他在想，总理的病恶化到了什么程度，难道就治不好了吗？

到了晚上8点，收音机里播出周恩来逝世的讣告，朱德惊呆了。尽管他已经知道周恩来病情恶化了，但他还是无法接受总理逝世的事实。听着收音机里不断传出的哀乐，看到家人个个泪流满面的样子，他才肯定这一切是真的了。眼泪从他那饱经风霜的脸上流了下来，滴落在衣襟上，他坐在沙发上，沉默了很久……

工作人员告诉朱德，总理临终遗言是要把骨灰撒在祖国的大地和江河里。这时，朱德说："过去人们死后要用棺材埋在地里，后来进步了，死后火化，这是一次革命。总理为党、为国家、为人民鞠躬尽瘁，死而后已，真是一个真正的彻底的革命家。"他一边说，一边流泪，还问："你们知道总理的革命历史吗？"大家说："知道一点，看了一些别人的回忆。"

"你们应该了解总理的革命历史！"说着，朱德就开始讲周恩来革命的一生。当时，家人怕他过分伤心，身体受不了，没有让他说很多，但他不时自言自语："你们知道总理的革命历史吗？"他自己陷入深深的回忆之中。

1 月 11 日上午，北京医院，太平间大厅。哀乐低回，哭声起伏。周恩来神态安详地仰卧在一张白布平台上，直挺的躯体覆盖着一面鲜红的党旗，四周摆着一簇簇洁白的马蹄莲，两名手持钢枪的战士肃立左右。佩戴黑纱的政治局委员们依次走进来，每个人都在周恩来的遗体前肃立默哀，鞠躬诀别，随后绕灵床半周，从侧门退出去。

年迈的朱德拄着手杖站在灵床前，老泪横流，低声呼唤："恩来！恩来！"他鞠罢躬，又挺直身躯，缓缓地抬起颤抖的右臂，庄严地向周恩来行了一个军礼，然后才被人搀扶着蹒跚离去。

向周恩来遗体告别时，朱德一路上都在掉泪，在车上他就要脱帽子。回来后，他一句话不说，不思茶饭。

周恩来的追悼会就要举行，秘书见朱德悲痛过度，连续几天彻夜不眠，身体特别虚弱，怕他撑不住，就征求他的意见："去不去参加？"他根本没有考虑自己的身体状况，马上作出了肯定的回答。

可是，就在要上车出发的时候，朱德却两腿软得厉害，怎么也站不起来了。这使他非常不安，坐在沙发上难过地叹气："唉，去不成了！这怎么对得起恩来？"

猛然，他像是想起了什么似的，连忙吩咐说："快把电视机打开！就是坐在家里，我也要参加这个追悼会。"

电视机打开了，朱德怀着对老战友的哀思，随着低回的哀乐，眼含泪花，送走了那系着黑纱的灵车……

周恩来的逝世，在全党全军和全国人民中引起强烈的震动。人民英雄纪念碑周围布满的花圈、挽联、悼词……不仅表达了广大人民群众对失去这位卓越领导人的悲痛与怀念，也反映了人们对中国前途命运的焦虑心情。这年清明节前后，在全国范围内掀起了悼念周总理、反对“四人帮”的强大抗议运动。

三　最后一次外事活动离去世仅半个月

当时，外面谣言四起，传说纷纭。广播里说“邓小平是天安门事件的总指挥、黑后台”，朱德对此不屑一顾，他轻声地问康克清：“你知道小平同志住在哪里吗？”康克清摇摇头，朱德说：“现在，他连自由都没有，他出得来吗？说他是天安门事件的总指挥，碰到鬼了！”

朱德有一次同江西省委常委刘俊秀谈话，针对江青一伙的倒行逆施，愤慨地说：“别听他们‘革命’口号喊得比谁都响，实际上就是他们在破坏革命，破坏生产。不讲劳动，不搞生产，能行吗？粮食不会从天上掉下来，没有粮食，让他们去喝西北风！”

一年前，朱德每天都要在万寿路的大院里转上三大圈，吃完早饭围着院子转一大圈，吃完中饭转一大圈，吃完晚饭再转一大圈，然后才休息。除了这种散步活动，他几十年来自己“发明”的那套健身操也天天做，几乎风雨无阻。可是到了 1976 年后，健身操渐渐做不了了，散步也渐渐由三大圈变成了三小圈，后来又变成了一小圈，直到最后除了那做操的口哨之外，其他的一切都大大地简化了。

“天安门事件”后，“四人帮”借机大肆镇压革命群众，使国家局势变得很复杂，国民经济遭到更严重的破坏。朱德看在眼里，急在心上，他不顾身体虚弱，带病坚持工作，每天早起晚睡，自己给自己加大了工作量。康克清多次劝他注意身体，但他每次都说：“毛主席身体不好，恩来也不在了，现在，我要尽最大努力支持华国锋维持局面。”

1976 年的分分秒秒，对于朱德都是那么宝贵。他好像知道自己的时间不多了，不听劝告地拼命工作。从 2 月到 7 月初去世，五个月中，他会见外宾 18 次，找人谈话三次，其中一次还是亲自去中央党校看望老教授成仿吾。

5 月 18 日，成仿吾将新译的《共产党宣言》送给朱德提意见，朱德 19 日收到这本非常熟悉的马克思主义经典著作，20 日就把大字逐字逐句认真地看了一遍，小字由秘书念着听。然后，他提出要去党校看成仿吾。身边工作人员劝阻："您老人家年纪这么大了，还是把成仿吾接来谈谈吧！"朱德不同意："为什么要让人家来看我呢？他的年纪和我差不多，还是我去看他吧！"

5月21日早晨，成仿吾接到朱德秘书的电话，说是朱委员长要来看他。成仿吾推辞说不行，应该他去看望委员长。但朱德坚持要去。这样，90高龄的朱德专程来到中央党校成仿吾的宿舍。

朱德鼓励成仿吾："这个新译本很好，没有倒装句，好懂。这对学习普及马克思主义很重要。这个工作很有意义。"朱德还详细了解了成仿吾的工作情况。当成仿吾问到朱德的健康情况时，他回答："中央对我照顾得好，消化情况不坏。"

临别，朱德嘱咐成仿吾："工作一定要跟上形势，要保重身体。我们队伍中老同志不多了。"成仿吾陪着朱德坐车绕着校园看了一下，便握手告别。成仿吾没有想到仅一个多月后，朱德就与世长辞了。

由于过度的紧张和劳累，朱德的肺炎复发了。但他毫不在意，照样工作，照样会见外宾。6月21日上午，按照有关方面的安排，朱德要会见澳大利亚联邦总理马尔科姆·弗雷泽。早晨，朱德起床后，感到身体不太舒服。家人劝他立刻休息，不要再工作了。朱德听后摇了摇头："这是党安排的工作，我怎么能因为身体不好而随便不去了呢？"

吃了药，他乘车前往人民大会堂。踏进大会堂，来到预定的会见地点——迎宾厅时，却没有往日那种迎宾的气氛。原来，马尔科姆·弗雷泽总理的时间推迟了，而竟然没有事先告知委员长。

正是盛夏季节，北京城里骄阳似火，燥热得炙人。由于不知马尔科姆·弗雷泽何时来到，朱德只好在人民大会堂里一间放有冷气的房间里静静地等候。

不知不觉，将近一个小时过去了，马尔科姆·弗雷泽总理的车队才缓缓驶进大会堂……

回到家中，朱德便感到身体不舒服，有些咳嗽，伴有低烧。经医生诊断，是患了感冒。到了25日晚上，又出现了腹泻，医生建议立即住院治疗。朱德想到次日要会见外宾，坚持说："不要紧，等明天我会见了外宾，再去住院也不晚。"因为身体不适，他没有再接见外宾，外事部门对会见上的有关安排作了调整。

四　“革命到底”成为政治遗言

6 月 26 日，朱德因病情加重，被送入北京医院治疗。

这时，秘书尹庆民与朱家商量，想利用朱德住院这个机会把他的浴室给改造一下。原来，新六所的卧室没有卫生间，进进出出很不方便，中办知道后，便曾想把这里改造一下，可是朱德说什么也不同意：“我们一进城，盖了些高大的楼房，但现在好多老百姓都还没有房子住，人口发展比房子发展快得多。像我这样的干部，你们不能光说照顾我年岁大了不方便，还要看到我岁数大了做不了多少事了。这样的房子对我来说就不错了，我们国家还很穷，为我，就不要花过多的钱了！”

中办管理局副局长李维信见朱德不同意，就反复解释说只做一次正常的维修，不是改造，如果不及时维修，将来坏了，损失可就大了。

听李维信这么一说，朱德这才勉强同意。于是，利用他一次去北戴河疗养的机会，中办管理局将房子给“维修”了一下，将朱德的办公室改成了卫生间与卧室相连，又将餐厅改成了办公室，并在院子里扩建了一个新餐厅及一个理发室。

当朱德一回家，看到自己的“生活”彻底变了样，非常生气，反复批评秘书和工作人员：“这是改建么！你们这是跟我搞策略，这是非常不好的做法！”

然而生气归生气，木已成舟，只得勉强接受。但这一次改造留下的唯一遗憾就是卫生间的澡盆是按当时市场的标准尺寸做成的，盆的边沿比较高，而且地面的瓷砖也特别滑，没有考虑到一个老人使用它的实际情况。以致在以后的几年中，朱德每次的洗澡便成了一件非常危险的事，必须在两三个人的帮助下才能顺利完成洗浴。

这次朱德住院了，秘书抓住这个时机赶紧向中办管理局协商加班加点地将浴室进行了改造。可是谁也没有想到最终老人一天也没有享受过。

几天后，朱德的病情稍有缓解。当时，天气很热，病房在四楼，没有空调，把房门、窗门全部打开同样燥热。康克清想为他争取调整一下病房，可是他说什么也不同意：“进到医院来，一切听从医院安排。他们自有他们的道理，不能再给他们添麻烦。”

但进入 7 月后，他的病情又再次加重，多种病症并发，医生说“心脏衰竭、糖尿病严重、心肌也有问题”，又增加了肠胃炎等，高烧一直不退。

7 月 1 日，朱德把秘书叫到床前，问道：“今天是党的生日，报纸该发表了社论了吧！念给我听听。”之后，又提出要给他念书、念文件。秘书为了让他能安静休息一会儿，只好含着热泪悄悄地躲到别的房间去了。于是，朱德又断断续续地发出轻微的声音：“我还能做事……要工作……革命到底。”每一个在场的人无不感动万分，无不泪流满面，一齐发出哽咽的声音。

在病榻上与病魔搏斗的朱德得知毛泽东因心脏病发作处于昏迷状态时，焦虑万分，特别嘱咐医疗组的医生们快到主席那里去。医生们尽力劝慰他，因为他的病情也很令人担忧。

朱德住院后，中共中央副主席叶剑英委托他的女儿“几乎每天打电话到医院，询问朱老总的病情”。邓颖超、聂荣臻、李先念等纷纷前往医院探望朱德。在病榻上，朱德同看望他的国务院副总理李先念做了最后一次谈话。他说：“我看还是要抓生产。哪有社会主义不抓生产的道理呢？！”

不知是谁，把一盆兰花悄悄地摆放在朱德的病房里。当他看到兰花，有一种少有的满足感。

7 月 4 日，朱敏突然听到父亲在大声呼喊自己的名字，便从隔壁房间跑过来。朱德紧紧地拉着女儿的手，瞪大眼睛望着女儿，张了好几次嘴想说什么可又说不出来。泪水簌簌往下流的朱敏，此时俯下身子在父亲的耳边轻轻地说：“爹爹，您别讲了，我明白您的意思，要我们听党的话，全心全意为人民服务，您放心就是了。”听到朱敏这些话，朱德露出了欣慰的神态。

7 月 5 日，朱德的病情急剧恶化。他看到站在病床前的李先念、聂荣臻、王震、邓颖超、蔡畅等这些风雨同舟几十年的老同志时，嘴唇翕动着，想和他们说话，但张了嘴却没有发出声来。他努力地要抬起右臂和他们握手，却终于没有抬起来。看着当年驰骋疆场、威震敌胆的总司令被病魔折磨得如此虚弱，在场的老将帅都难过地流下了眼泪。

很快，朱德就进入昏迷状态。当时，叶剑英打电话表示想来看望朱老总，极度悲痛的康克清说：“他已经神志不清了。”

7 月 6 日下午 3 时 1 分，朱德那颗跳动了近 90 年的心脏永远停止了跳动，带着对革命事业的无限忠诚永远离开了亲人儿女，离开了他为之奋斗一生的救国强国的伟大事业。

1976 年 7 月 6 日下午 3 时 1 分，朱德在北京逝世

刚从生命垂危中被抢救过来的毛泽东，静卧在病榻上。这时主持中央日常工作的华国锋赶来向他报告了朱德逝世的消息，毛泽东用微弱、低哑的声音问：“朱老总得的什么病？怎么这么快就……”他嘱咐华国锋一定要妥善料理朱德的丧事，并感叹：“‘朱毛’，‘朱毛’，不能分离。现在朱去见马克思了，我也差不多了！”

康克清和家属在朱德的追悼会上

朱德病逝后，康克清让孩子和秘书尹庆民，警卫员李廷良、徐宏、刘炳文以及护士盛菊花等给朱德换衣服。可是在家里找来找去，竟没有找到一件像样点的。直到最后实在找不着了，家人这才想起来他根本就没有新衣服。

孙子朱和平泪如泉涌地说：“爷爷辛劳了一生，一定得让他穿身新衣服！”于是，临时在红都服装店给朱德做了一身内衣,外衣中山装仍是他穿了多年的那件。

7 月 8 日，向朱德的遗体告别的这一天，他躺在鲜花翠柏之中，那么沉静，那么安详，似乎是工作疲劳后的一次小憩，似乎他马上就要醒来，用他那坚定的声音去指挥千军万马……

从北京医院出口到八宝山的马路两侧，挤满了臂缠黑纱、胸戴白花的悲痛的人群。灵车徐徐开来，灵车四周，饰有用黄、黑两色绸带扎着的花球，垂着长长的丝穗。丝穗随着灵车的行进和哀乐的节拍而飘动，把人们的心都搅碎了。多少人抹泪，多少人抽泣，中国人民再一次沉浸在巨大的悲痛之中……

康克清等家属和老战友向朱德遗体告别

遵照朱德生前的意愿，康克清把他历年积存的 20306.16 元银行存款交给党组织，作为他最后一次向党交的党费。朱敏回忆说:“父亲曾经说过——‘我是无产阶级的一员。我的东西都是公家的，我死后一律上缴，只有我读过的马列和毛主席著作，你们可以拿去学习。’”

“本世纪最伟大的民族领袖之一”“为争取中国人民解放而奋斗的传奇式的统帅和战士”“中国人民优秀的儿子”“中华人民共和国历史的伟大象征”……朱德的逝世,在世界各国或地区的领导人中引起了广泛的反响。他们纷纷发来唁电、唁函，表示深切的哀悼，并且高度评价这位具有传奇色彩的中国领导人。

12 月 1 日，是朱德 90 周年诞辰日。一个多月前，中国共产党和中国人民毅然粉碎了“江青反革命集团”，结束了“文化大革命”这场灾难。这一天，康克清携同家人来到绿荫环抱的八宝山革命公墓。她把一束鲜花放在朱德的骨灰盒上，她要将“四人帮”被粉碎的消息告诉九泉之下的朱德，让他和中国人民一起分享胜利的喜悦……

40 年后，他早已离开的所挚爱的人民没有忘记这位开国元勋，用各种方式追念他崇高的品质、伟大的精神；他早已离开了的毕生为之奋斗的共和国没有忘记这位开国元勋，用各种形式纪念、学习这位魅力伟人……

朱子风范，德行天下！

保健医生所见证的平民朱德

光阴流逝，白驹过隙，匆匆间，开国元勋朱德离开我们已经 40 多个年头了。朱德生前医护人员郭勤英在接受采访时说："在我的一生中非常幸运的是能在朱老总身边工作了六年多，从而能够亲眼看见他老人家的伟人风采，亲耳聆听他老人家对我的教导，至今他的音容笑貌如同昨日，他的亲切教诲犹在耳畔。"郭勤英说，朱老总德高望重，平易近人，既是领导人，又是普通一兵，对同志关怀体贴，是可敬可爱的长者。当年所见证的一切在她的记忆中难以泯灭，这种心情决非文字所能表达。下面，让我们一起聆听郭勤英老人的讲述——

一　做梦也没有想到来朱老总身边工作

我是 1960 年到北京医院保健办公室工作的，同年被调到中南海保健组，并被委派到朱德委员长身边作保健护士。当听到这个消息时既高兴又紧张，高兴的是能在全国人民敬仰和爱戴的伟人身边工作，紧张的是，以前只从报纸和电影上见过国家领导人的影像，做梦也没有想到会来他们身边工作。于是，心里总是忐忑不安，不知见了面应当说些什么。

朱德与郭勤英（左四）等身边工作人员在一起

当时，朱老总住在中南海西楼大院的一栋四层楼里。我第一次见到他是在他的书房里，房间不大，陈设也非常简单，里面有一张大办公桌，桌面上摆放着一些书籍、文件和文具等。桌边有一张靠背椅，边上还放着两张沙发。朱老总身穿一套深灰色的咔叽布中山装，面带微笑，十分和蔼地看着我，我感到就像见到了一位慈祥的老爷爷，悬着的心一下子就放了下来。他说话的声音不大，但非常亲切，他问我叫什么名字、多大了、家乡在哪里，我一一作了回答。

40 多年过去了，但我对当时的情景仍记忆犹新，历历在目。在朱老总身边工作的几年中，我深深感到他是一位性格温和、严于律己、待人宽厚的老人。他对我们工作人员就像对待自己的孩子一样，从不发脾气，从不提自己的要求，从不干涉我们的工作。因此，我们在他身边工作感到心情格外舒畅。

20 世纪 60 年代，朱德夫妇与部分工作人员在中南海海棠花前合影

我到朱老总身边工作时，他已是 70 多岁的老人了，但仍为党和国家辛勤地工作着。为了掌握各省区市和基层的真实情况，他不顾路途劳顿，经常离京到外地视察。老人家自从担任国家领导人后，十分注重调查研究。据不完全统计，从 1952 年到 1966 年的 15 年间，朱老总曾深入 27 个省区市进行视察。1961 年毛泽东主席在中共八届九中全会上提出：全党要大兴调查研究之风，一切从实际出发，希望 1961 年能成为“调查研究、实事求是年”。会后不久，朱老总就赶往上海、广东、福建、四川、河南等九个省市进行了历时四个多月的调查研究。此后一直到“文革”前的几年里，每年都要拿出几个月的时间到外地的工厂、农村去走一走、看一看。

视察工作紧张而辛苦，乘火车、坐汽车，经常一两天就换一个地方，有时为赶时间就吃住在火车上。每到一地，他总要听汇报、找人谈话、开会和到基层参观，深入细致地了解情况。尽管已是高龄老人了，但他总是不顾劳累、精神抖擞地工作，为的是能够掌握第一手材料。每次调查研究后，他都要写成详细的报告，实事求是地向党中央和毛主席汇报，以利于党中央能制定出正确的方针政策。

1952 年 3 月 8 日，朱德在第一批女航空员起飞典礼上讲话

1960 年 3 月，朱德视察四川仪陇期间为仪陇县委题词

二　生活简朴的朱老总在自家院子里开地种菜

朱老总的生活十分简朴。我在他老人家身边工作时，正值我国遭遇三年困难时期，粮食匮乏，油、肉、蛋、菜等供应严重不足。作为国家领导人，朱老总没有向国家伸手要补助，而是与全国人民一起共渡难关。他和夫人康克清以及身边的工作人员利用休息时间采摘野菜，并在自家院子里开出一块地来，种植蔬菜，如萝卜、土豆、红薯、冬瓜、苦瓜等。尽管他年事已高，加之日理万机，仍坚持抽暇锄草、浇水、施肥。

俗话说人勤地不懒，这块菜地年年长势良好，收获颇丰。记得有一年这块菜地竟结了一个75斤重的大冬瓜，摘下后被送到了农业展览馆参加展览。当时记者写的新闻报道还被收进了中学课本。朱老总把收获的蔬菜总是先送一部分给工作人员的食堂，剩下的一时吃不完就放到菜窖里贮存起来慢慢吃。康大姐还动手腌制泡菜，经常把豇豆、心里美萝卜等用来做泡菜，还耐心教我腌制泡菜的步骤和方法。我那时是第一次听说“四川泡菜”，感到很新奇。我很认真地向康大姐学习四川泡菜的做法，当时的细节至今还难以忘记。

在中南海，朱老总的家可算作是一个大家庭。我到首长家工作时，看到他家里的孩子很多，大的十几岁，小的只有五六岁。其中除了首长的孙子朱援朝、朱和平和外孙刘建、刘康、刘进等，其余的都是从四川老家来的侄子、侄女、侄孙子、侄孙女，如朱传书、朱俊书、朱玉珍、朱和、朱春元、朱小兰等。当时他们都在小学或中学读书，平时在学校里寄宿，只是在星期天等节假日才回到中南海的家里。吃饭时一大家人围坐在两张大圆桌旁，有些“熙熙攘攘”，好不热闹。之所以把这些孩子从四川老家接到北京读书并把他们培养成才，主要是朱老总为了报答家乡的亲人们在艰苦的战争年代对他从事革命事业的支持和帮助，或为之所作的牺牲。

在国家三年困难时期，国家领导人的粮食和副食供应也相应减少。对朱老总一大家人来说就更困难一些。他们不是向国家伸手，而是靠自己省吃俭用、靠劳动种菜来渡过难关。粮食吃超了，也硬是设法下月再补回来。他们家规定孩子们都到西大灶工作人员的食堂就餐，朱老总说：“国家正处在困难时期，孩子们不能脱离群众。”他对孩子们的要求很严格，不能

朱德外孙刘康与本书作者余玮在合肥（陈安钰　摄）

搞特殊化。孩子们外出都是坐公共汽车。就连康大姐上街买东西也都坐公交车。首长的专车只能在外出开会或接见外宾时使用，从不让家人用。

朱老总平时吃饭很简单，主食和肉吃得较少，主要吃蔬菜，喜欢吃苦瓜、空心菜。衣着也很随便，除了出席一些正式场合时穿得好一些，平时在家总是穿旧的布衣裤，里面的衬衣都是补了又补。我在他身边工作的几年里，从未见他做过一件新衣服，以致临终时竟找不出一件像样的内衣穿，最后不得不临时去红都服装店现做一套内衣，外面仍然穿着他多年穿过的旧外套。我们这些在他身边的工作人员谈起此事，都眼含热泪，从心底里敬佩他。

戎马一生的朱老总当年为了中国人民的解放事业、为让劳苦大众能过上好日子，作出了巨大的贡献，吃尽了苦头。但他从不居功自傲，新中国诞生后，物质条件好了，但他位高不特殊，一心想着的依然是党和国家的富强和人民的安康，自己仍然过着俭朴的生活。临终还把多年的积蓄托康大姐交给组织，作为自己最后的一次党费，而没有给儿女留下分文。“从俭入奢易，从奢入俭难；勤俭建国家，永久是真言。”这是朱老总曾写过的诗《勤俭》，他是这样要求自己与身边人的，他自己也是这样做的。

三　诗书散步与兰花于朱老总一样也不能少

尽管朱老总工作十分繁忙，但他很注意劳逸结合，平时生活很有规律，每天早上按时起床，做自编的一套体操，以活动全身。早晚坚持散步，从不间断。他说，古人说过“安步当车”，散步走得太慢就和坐车差不多了，活动量不够，散步太快了也不好——不快不慢，可以一边走一边思考问题。

他活了 90 岁，到老时腰身不萎，肩背不驼。他如此高寿，与许多方面有关。究其原因，除了有先进的医学科学和医务人员的精心治疗外，同时也和他良好的个人修养和生活习惯有很大的关系，特别是他几十年如一日持之以恒地从事体育运动。

朱德在香山（1949 年 3 月）

朱老总喜欢爬山，如无特殊情况每周日上午都要去爬香山，这是他多年养成的习惯。他曾向我们传授爬山的经验，即：“上山软脚杆，下山闪脚杆。”这样爬山就会感到轻松多了。他喜爱祖国的大好河山，每次到外地视察工作时，也是有山必爬，他的足迹几乎遍及祖国的大江南北。

朱老总爱好书法。对于书法，他的本意是：一是艺术爱好，二是休息脑子，三是活动筋骨手腕。他对我们这些身边的工作人员讲，生命在于运动，长期参加力所能及的体力劳动，既锻炼了身体，又养成了吃苦耐劳的良好品质。写字就是一种辅助性的体力活动，长期坚持下去，对延年益寿有好处。

朱老总练字时爱用白麻头纸，后来因为这种纸不好买，改用黄表纸。练字时，将大张黄表纸裁成 6 开，然后按格书写（纸下垫有画好的方格）。他曾经一度右臂酸痛麻木，大家劝他好好治疗休息，可是他仍旧坚持练写大字。经过认真悬肘运腕的习书活动，不久便治愈了右臂的酸麻症，而且日后再也没有发作。

他练字的时间多在午饭和晚饭前后，或者是在阅读书籍文件后休息之时，每次在20分钟以内。练习书法时，行笔较慢，一丝不苟，神情专注。他认为缓笔定形势，忙则失规矩。

爱好书法的朱德

每到外地视察工作，朱老总都要携带文房四宝。他特制有一个扁木箱，将笔墨纸砚及墨盒、墨水分放在大小长方不同的格子内，并以小木楔固定，字帖和纸张等放在上边。外出时，无论乘车乘船，打开木箱，随时可以写字。

20世纪60年代，他老人家写得最多的是毛主席诗词。老人家还送给我几幅他写的大字。1965年12月20日，他老人家专门为我写了一幅字："共产党员郭勤英，维护病人很认真。工作五年如一日，业余努力学毛经。"我拿到这幅字时，心情十分激动：这不仅是对我工作的肯定，更是对我的激励与鞭策。老人家平时对我的学习和工作非常关心，在他老人家的带动和帮助下，我学习了不少马列著作和毛泽东著作。他老人家给我写的条幅我一直珍藏着，永作纪念，勉励我做人、做事。

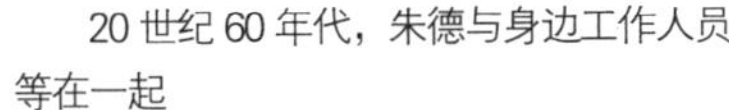

20 世纪 60 年代，朱德与身边工作人员等在一起

20 世纪 60 年代的朱德

在他老人家的一生中，创作过 700 多首诗词作品，其中许多是脍炙人口的名篇。他老人家的作品展示了他各个时期的风风雨雨，堪称“史诗”。

朱老总经常触景生情，即兴赋诗。也有时，颇伤心神，需经历一番阵痛方能写出。那辗转反侧的构思，那一字一句的琢磨，常常影响到他的休息和睡眠。他还要求我们工作人员也都来写，说：“写诗就是把自己看到的东西用诗的形式说出来、记下来。只有多写才能会写，才能写好。”

读书是朱老总的又一嗜好。不论是在北京还是到外地视察，工作之余他老人家总是要看看书，并教导我要多看书。20 世纪 60 年代中期，毛泽东主席曾倡导中央领导同志要读 32 本马列主义书籍。那时我正好在朱老总身边工作，他老人家让我陪他一起把 32 本书通读了两三遍，有的重要章节还反复读了好几遍。朱老总让我把一些重点摘录下来，我一共摘录了 11 本笔记本（23 开本、每本 120 页）。他老人家把我摘录下来的内容又逐字逐句地读了好几遍，并用红笔加以圈点。这些笔记本我至今仍保留着。另外，还一起通读了两遍《毛泽东选集》1-4 卷。在读的过程中，朱老总还给我讲解了文章的背景及主要精神，对文章中的生字、生词他也都耐心地教我。老人家在读书过程中表现出的那种执着的精神、认真的态度，使我十分感动，也使我终身受益，并使我接受了较好的理论学习。

“文革”开始时，我对运动很不理解，不知道为什么一些老领导、老干部和一些老专家一下子都成了走资派、叛徒、特务、黑帮分子。他们不少人被批斗、被打倒、被关押起来，甚至有的被活活打死。那时我弟弟从外地来信说他也受到了冲击——因为他爱学习、好钻研技术，有人就批判他走白专道路。有一天，我向朱老总谈了我弟弟的情况，我说不知该怎么办。朱老总说：“要实事求是，有什么说什么，没有的不能乱说。”首长的话虽不多，但却给我指明了方向，讲明了做人的道理。事实上，朱老总就是在我身边的实事求是的楷模。在“文革”期间，他老人家讲求实事求是、从实际出发的革命精神，反对浮夸风、反对“大跃进”，走访老百姓，了解民生疾苦，并采取了一系列积极的措施（由于某些领导的错误没有很好地执行）。就是开展批评也从不说过头话，而是摆事实、讲道理，让人心服口服。

“东方解冻发新芽，芳蕊迎春见物华。浅坛梳妆原国色，清芳谁得胜兰花。”朱老总的这首诗表达了他对兰花情有独钟。解放初起，朱老总就开始养兰，他一生写下有关兰的诗词近 40 首。他曾对工作人员讲：“养兰入门易，精通难。须观天时，测气候，勤于护侍，做到栽培有法。”并常说：“看上 20 分钟兰花，比休息两个钟头都好。”

当时，北京中山公园种养有兰花，他老人家经常去观赏，每次花展他都不会放过。1964 年秋季，朱老总决定把他自己珍藏的大部分江浙名种都送给中山公园，这为公园兰花的发展打下了丰厚的基础。有一个鲜为人知的“花为媒”的故事顺便说一说：那是 20 世纪 60 年代初期，中、日两国建交之前，日本的知名人士松村谦三先生来我国进行友好访问，他与朱老

朱德与郭勤英（左）等身边工作人员在栽培兰花

总对兰花有着共同的爱好。在访问期间，曾来北京中山公园观赏兰花，并向朱老总点名要了如意素、寅谷素、寰球荷鼎和绿漪等四个兰花名种。朱老总都一一答应了。不久，松村谦三先生又回赠了几株日本杂交兰。就这样以花为媒促进了两国人民间的友谊，为中日建交开辟了途径。

而今，正值朱老总逝世 40 周年，又是他老人家诞辰 130 周年，难免又激起我的怀念之情。一连串的回忆和印象，在我的脑海中萦绕着。这些回忆是细碎的，但却是珍贵的；这些印象是恬淡的，但却是深刻的。兰香飘逸在四周，我沉浸在深深的思念中，敬爱的朱老总那魁梧伟岸的身材、饱经沧桑的面容，又浮现在我的脑海中，他那温和慈祥的教导回响在我心底……

晚年的郭勤英（左）